発達に合わせた 3・4・5歳児の

運動あそび

栁澤秋孝 著

ナツメ社

あそびを通して 子どもたちの心と体を育てよう

一貫して、幼児期の子どもの運動に50年間携わってきた柳澤秋孝先生。2002年に発案された『柳沢運動プログラム®基本編』を通して、見つめ続けた子どもたちの心と体を育てる取り組みについて話を伺いました。

深刻化していく子どもたちの運動不足

タブレット端末やスマホ、ゲーム……外に出なくとも、現代の子どもたちのそばには面白いものがあふれています。加えて、あそび場の減少や安全面、夏の暑さや新型コロナウイルスの影響などもあって、外あそびをする機会はどんどん減り続けています。昔であれば、木によじ登って枝からぶら下がったり、水たまりを跳び越えたりと日常のなかで自然と基本運動ができていました。

しかし、今の子どもたちにいくら「体を動かすことは大切だよ」と話しても、そうした体験がないので自ら運動に興味をもつような活動は減少しています。保護者や保育者をはじめ、子どもを見守る大人たちが運動の楽しさ、体を動かす喜びを伝えていかなければならないのです。

『柳沢運動プログラム®基本編』の発案から20年以上経っても、不登校や行き渋り問題、スマホ依存など、子どもたちを取り巻く環境は健やかとはいえない状況です。今こそ、子どもたちの運動に目を向けるときではないかと考えています。

✚ 日本の子どもたちの現状

● 環境の変化 　● 運動量の変化 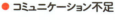　● コミュニケーション不足　● 注意力・やる気の低下

脳を活性化し
心を育てる運動あそび

　長年、子どもたちの運動について研究するなかで、運動による脳の発達への影響もわかってきました。8歳までに約90％ができあがるといわれる脳は、筋肉を動かすことで、運動をコントロールする「運動野」の神経回路がどんどんつながっていきます。そして、脳全体への血流が増え、感情や思考、心をコントロールする「前頭前野」にも影響を与えます。つまり、幼児期に積極的に運動することは、体の発達はもちろん、心の発達にもとても重要なのです。

　また、運動するときは、大人からの説明などその内容を理解したうえで、筋肉をどう動かすか脳から指令を出さなければなりません。そのため、話を聞くときの集中力や注意力が育ちます。やってはいけないことを守ったり、タイミングをはかったりすることで抑制力も身につきます。何より、運動を通して友だちと関わることで、相手に共感する心や、コミュニケーション力など、さまざまな「生きる力」が育まれていくのです。

セミだよ！
ミ～ン・ミ～ン

✚ 運動により育つ力

- 集中力　● 注意力　● コミュニケーション力
- 共感する力　● 判断力　● 情緒の安定　など

✚ 運動にかかわる脳の働き

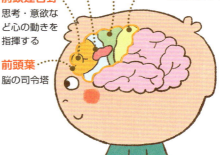

46野
思考や感情を行動と結びつける

運動連合野
順序ややり方が決まった運動など、体の動かし方を運動野に伝える

運動野
体の各部位の運動を指揮する

前頭連合野
思考・意欲など心の動きを指揮する

前頭葉
脳の司令塔

一歩ずつ進もう

乳幼児〜10歳までに体系的に運動に取り組む

　2002年に発案した『柳沢運動プログラム®基本編』は、発達段階に合わせた運動プログラムです。実施したすべての子どもが最終目標である「マット運動」の側転、「鉄棒」の逆上がり、「なわとび」の連続跳び、「跳び箱」の開脚跳びがマスターできるようになるために、基本的な動きから始めます。

　3歳までは「脚力発達期」と捉え、立って、歩いて、走る力をしっかりと身につけていきます。そして、6歳ぐらいまでを「胸郭発達期」としておへそから上の胸をとりまく部分を主とした「支持力」「跳躍力」「懸垂力」を身につける運動を取り入れています（P8参照）。あそびのなかで必要な動きを徐々に身につけていき、「気がついたら、その運動ができちゃった！」となるよう体系的に並べているのです。

　だれが見ても、「できる」「できない」に分かれる運動を確実にできるようサポートすることで、子どもたちは自信をもってどんどん体を動かすようになります。

✛ 発達段階に合った運動

- **0〜3歳** … 脚力発達期
  立つ、歩く、走るを中心に脚力を身につける時期
- **3〜6歳** … 胸郭発達期
  おへそから上の胸をとりまく部分の発達を促す時期
- **6〜10歳** … 全身発達期
  下半身と上半身の運動を連結させ、全身運動に発展させる時期

✛ 3つの基本運動

- **跳躍力** 跳び上がる力
- **支持力** 腕で体を支える力
- **懸垂力** ぶら下がる力

しっかり握って

10歳までの全身運動で
100歳まで動ける体づくり

　乳幼児期に身につけた「脚力」「支持力」「跳躍力」「懸垂力」は、10歳ごろまでに下半身と上半身の運動を連結させる全身運動へと発展します。発達段階に合わせた運動は、その時期その時期の子どもの体と脳、そして心に健やかな影響を与えます。しかし、発達を無視した運動には危険が伴うため、体が大きくなってから臨みたい持久力や、骨格の成長が終わりに近づいた時期から始めたい筋力の強化については、発達状況を見極めたうえで行いましょう。

　そして、子ども時代に身についた運動習慣は、人生100年時代において大きな軸となります。動ける体をつくれたかどうかは、年齢を重ねたときに自分の脚で立ち、歩き続けることができるかを左右する決め手となるのです。

子ども時代の運動体験で
運動が好きになる人生に

　大学生に行った運動の好き嫌いについてのアンケートで、「運動が嫌い」と答えた人の8割が、幼児期から小学校低学年の時期に嫌いになったと回答しました。その理由は「人ができる運動ができなくてつらかった」「劣等感を抱いた」と、具体的には鉄棒の逆上がりを挙げる人が目立ちました。つまり、この時期の運動体験が、運動に対する一生の認識を決めてしまったのです。逆に、できなかったことができる達成感や満足感を味わえれば、ほとんどの子どもが運動に興味をもち、体を動かすことが好きになれるといえます。また、脳には、たくさんほめられることで分泌されるセロトニンという幸せホルモンがあります。その分泌される仕組みができるのもちょうど同じ時期。この幼児期に「運動する楽しさ」と出合う機会をつくりましょう。

強制的な運動は逆効果「できた！」体験を増やす

　ただし、強制的ではなく、「楽しく」が大前提。強制されて行う運動では、効果が得られません。自分から進んで体を動かすことで、「できる」ことが楽しいという体験と、できたことをほめられて「うれしい」と純粋に感じる体験がつながり、子どもを運動へとひきつけていくのです。運動が好きになったら、あとは放っておいても自分から新しい動きにチャレンジしていきます。そして、活発に体を動かせば動かすほど、脳の働きが刺激され、習慣化し、心も成長していくという、よりよい循環が生まれるのです。

　既刊である『0〜5歳児の発達に合った 楽しい！ 運動あそび』の出版から10年。新たに生まれ変わった本書のあそびを通じて、体を動かすことに興味をもってもらい、自ら積極的に運動を行えるような健康な子どもたちに育ってくれることを願っています。

✛ 心も体も健やかな子ども

できた！→楽しい→運動が好き

脳が育ち、心が育っていく

心と体のバランスが整った行動できる子に

子どもに必要な基本運動は3つ!

3歳では、「歩く」「走る」「跳ぶ」といった動きの基本がだいぶ身についている頃です。今度は「できなかったことができた！」という体験をたくさん味わえるように、すべての運動にかかわる「跳躍力」「支持力」「懸垂力」の3つの基本運動を紹介します。

跳躍力
+ 跳び上がる力 +

おもな動き
- 両足で跳ぶ
- つま先で跳ぶ

使う筋肉
- 足首前側の筋肉
- 太ももの筋肉
- お尻の筋肉

 なわ跳び運動 につながる

 10・11ページ

支持力
+ 腕で体を支える力 +

おもな動き
- ハイハイで歩く
- 両手両足をつけて歩く
- 手押し車で歩く

使う筋肉
- わきの裏側の筋肉
- 胸まわりの筋肉

→ **跳び箱運動** **マット運動** につながる

→ 12・13ページ

懸垂力
+ ぶら下がる力 +

おもな動き
- ジャングルジムにぶら下がる
- 鉄棒にぶら下がる
- 渡り棒にぶら下がる

使う筋肉
- 手首からひじにかけての筋肉
- 腕の筋肉
- 胸まわりの筋肉

→ **鉄棒運動** につながる

→ 14・15ページ

跳躍力
跳び上がる力

「跳躍力」を身につける運動では、足首の筋肉、太もも、お尻、背中の筋肉をしっかり使うことが大切です。自由に跳びはねることから始めて、レベルを上げていきましょう。

ドタバタウサギ

両手を上に上げて、自由にジャンプします。バタバタ跳びでもかまいません。

➡ **26**ページ

ポイント 指をそろえて伸ばします。

ポイント はじめは足がそろっていなくても。慣れたらそろえましょう。

苦手な子への配慮
「指と背中をピンとのばしてごらん」と声をかけ、見本を見せましょう。足はバタバタ跳びでもかまいません。

グーパージャンプ！

「グー」のときは、腕とひざを曲げて足を閉じ、「パー」では、手も足も大きく広げてジャンプします。

➡ **27**ページ

パー

グー

ポイント 腕も足も閉じます。

ポイント 手も足も思い切り伸ばします。

苦手な子への配慮
最初は足だけで練習します。ひざの曲げ伸ばしを意識しましょう。

大人の カンガルー

手を胸の前で軽く曲げ、ひざを使って前へジャンプします。

➡ **26**ページ

> **苦手な子への配慮**
> 床に印をつけてその場でジャンプする練習を。まずは足裏全体で着地するジャンプを十分行いましょう。

ポイント ひざをしっかり閉じます。

ポイント 足裏全体で着地します。

子どもの カンガルー

手を胸の前で軽く曲げ、ひざを使って、かかとを上げてつま先でジャンプします。

➡ **27**ページ

ポイント なるべく背中をかがめます。

ポイント ひざをしっかり閉じます。

ポイント かかとを上げてジャンプします。

> **苦手な子への配慮**
> かかとを上げての連続ジャンプが難しい子は、1回跳び越えられるようにしましょう。

ポイント ひざを曲げて、つま先で線の反対側へジャンプ。

前向き ジグザグ跳び

床になわを置いたり、テープを貼るなどします。かかとを上げてつま先でジャンプしてなわ（テープ）を跳び越えます。

➡ **55**ページ

ポイント 両足そろえてつま先で着地します。

支持力
+ 腕で体を支える力 +

「支持力」は、腕の裏側にある筋肉を鍛える運動で身につきます。両手を床につけ、腰を高くして歩く「クマさん歩き」などの運動が有効です。

ワンワン犬歩き

両手と両ひざを床につけて、ハイハイで歩きます。

➡ **28** ページ

苦手な子への配慮
手のひら全体を床につくよう、手の形を練習しましょう。

ポイント あごを上げて前を向きます。

ポイント 手のひらをしっかり床につけます。

クマさん歩き

両手を床につけて、ひざを伸ばしてハイハイします。

➡ **28** ページ

苦手な子への配慮
手のひら全体を床につける練習を。ひざは曲がっていてもOKです。

ポイント あごを上げて前を向きます。

ポイント ひざは床から離します。

ケンケンクマさん

ひじを伸ばして両手を床につけ、腰を高く上げます。片足を高く後ろに上げ、ケンケンで歩きます。

➡ **29** ページ

苦手な子への配慮
片足跳びが難しい子は、片足を上げてキープする練習を行いましょう。

ポイント ひじを伸ばします。

ポイント ひざをなるべく伸ばして、足を高く上げます。

小さなカエル

体の前で床に手をついてジャンプをします。瞬間的に両腕で体を支えます。

➡ **29**ページ

ポイント なるべくあごを上げ前を見ます。

ポイント 両手は肩幅よりせまくつきます。

ポイント 腕の中に足を入れて着地します。

😊 **苦手な子への配慮**
最初はひざが開いていてもよいので、慣れたら足を閉じて行います。

大きなカエル

両腕を体より前に床につき、ひじを伸ばして腰を下ろします。両足を同時に後ろにけり上げます。

➡ **30**ページ

ポイント なるべくあごを上げ前を見ます。

ポイント ひざをなるべく伸ばします。

ポイント 両足は強くけり上げます。

ポイント 両手より外側に着地します。

😊 **苦手な子への配慮**
体を支える力がつくまでは、ひとけりずつゆっくり行いましょう。

懸垂力
ぶら下がる力

胸や腕まわりの筋肉は、体が柔軟な幼児期に身につけましょう。これらの筋肉はジャングルジムや登り棒の登り降り、鉄棒にぶら下がる運動で養うことができます。

ワニさん歩き

うつぶせになり、胸とお腹を床につけ、手と足を使ってはうように歩きます。

➡ **31** ページ

苦手な子への配慮
うつぶせになってお腹を床につけたら、手や足は自由に動かしてかまいません。

ポイント
あごは床すれすれのところで上げておきます。

ポイント
お腹は床につけたまま前へ進みます。

波乗りワニさん

❶保育者は足を開いて座り、子どもはうつぶせになって、腕を伸ばして手をつなぎます。
❷保育者は手を固定してひじを曲げ、子どももひじを曲げて前に進みます。

➡ **30** ページ

ポイント
子どもはひじを伸ばして手をつなぎます。

ポイント
保育者はひじを曲げ、手の位置は固定します。

苦手な子への配慮
なかなかひじが曲げられない子は、少しずつでも距離を縮めるように繰り返しましょう。

おサルさんの ぶら下がり

鉄棒を両手でにぎり、ぶら下がります。

 **80**ページ

ポイント
はじめは順手またはサル手でにぎります。

ポイント
慣れたら逆手でにぎります。

ポイント
両ひざを曲げてもかまいません。

逆手

😊 **苦手な子への配慮**
最初は保育者が腰を支え、まずは3つ数えるまでぶら下がることを目指しましょう。

サルのよじ登り

背伸びをして届くくらいの高さで登り棒をにぎり、手と足の両方を使ってよじ登ります。

 40ページ

😊 **苦手な子への配慮**
保育者は、子どもの足の真下ににぎりこぶしをつくり、子どもがはしご替わりに足を乗せられるようにします。

保育者はこぶしを固くにぎります。

ポイント
ひじは曲げます。

ポイント
お腹は棒にくっつけておきます。

ポイント
両足の裏で棒をはさみます。

運動あそびは step が大事！

跳び上がる力「跳躍力」が身につく step

step 1 大人のカンガルー → **step 2** 大波ジャンプ → **step 3** 連続短なわジャンプ

なわ跳び

ひざを閉じて足裏全体でジャンプします。
➡ 26ページ

なわを目で追い、つま先でジャンプします。
➡ 60ページ

なわを回しながらつま先でジャンプします。
➡ 64ページ

年齢の目安　3歳児　4歳児　5歳児

腕で体を支える力「支持力」が身につく step

step 1 クマさん歩き → **step 2** ケンケンクマさん → **step 3** 側転

マット

手を床についてゆっくり歩きます。
➡ 28ページ

片足を上げてケンケンをします。
➡ 29ページ

両手を床につけ、足を振り上げて回転します。
➡ 49ページ

年齢の目安　3歳児　4歳児　5歳児

16

本誌の運動あそびのプランは、年齢の目安と運動の目的ごとにstepがあるので、段階をふみながら進めていきましょう。ここでは、どの動きがなんの運動につながるのか、基本のstepを紹介します。

腕で体を支える力「支持力」・跳び上がる力「跳躍力」が身につくstep

跳び箱

step 1 小さなカエル 大きなカエル ➡ **step 2** カエルさん、ちょっと休憩 ➡ **step 3** 開脚跳び

両手を床についてジャンプします。
➡ 29・30ページ

ジャンプをして足を開き、跳び箱に座ります。
➡ 76ページ

ジャンプをして足を開き、跳び箱を越えます。
➡ 77ページ

年齢の目安　3歳児 ──── 4歳児 ──── 5歳児

ぶら下がる力「懸垂力」が身につくstep

鉄棒

step 1 ワニさん歩き ➡ **step 2** ナマケモノさん ➡ **step 3** 逆上がり

胸とお腹を床につけてはうように進みます。
➡ 31ページ

両足を鉄棒にかけて、ぶら下がります。
➡ 85ページ

地面をけり上げ、お腹を鉄棒に引きつけて回転します。
➡ 91ページ

年齢の目安　3歳児 ──── 4歳児 ──── 5歳児

運動が苦手な子の指導のポイント

運動が嫌いにならないためには、苦手意識をなくすことが大切です。そのために、基本の運動を繰り返しを楽しく行い、また保育者が手を貸すことで、子どもの「できた！」という成功体験を増やしましょう。ここではおもな「子どもが苦手な動き」とそれに対する「指導のポイント」を紹介します。

全身運動

+ 体が思うように動かせない

ポイント

成長する子どもにとって全身のバランスをよくし、運動がうまくになるには、「跳ねる力」「支える力」「ぶら下がる力」の3つの基本動作をていねいに継続して行いましょう。いまは体が思うように動かない子も、繰り返し行うと次第に動くようになってきます。

ひざを曲げるあそびを繰り返して

マット運動

+ マット上でうまく転がれない
+ 回転をするのがこわい

ポイント

うまく転がれない子には、保育者がそっと押して回します。回転がこわい子には、P47「逆立ちで竹馬」などで逆さになる経験をさせて、保育者がそばにつくことで安心感をもたせましょう。側転は支持力を養う運動で体を支えられるようになってから行います。

側について手を貸す

なわ跳び運動

+ 跳ぶタイミングがわからない
+ なわをコントロールするのが苦手

ポイント

P60「小波ジャンプ」などで保育者が子どもに合わせてゆっくりなわを回します。P62「カウボーイごっこ」などを繰り返すと、なわをコントロールできるようになってきます。

子どもに合わせてゆっくり

跳び箱運動

+ こわくて腰が引けてしまう
+ 跳ぶタイミングがわからない

ポイント

まずは跳び箱によじ登ったり、跳び下りたりして親しみましょう。P73「ウシガエルジャンプ」などで支持力を強化し、跳び箱にカニさんをイメージして、目の部分に手を置くようにします。くり返すことで跳ぶタイミングがつかめます。

カニさんをイメージ

鉄棒運動

+ ぶら下がっていられない
+ 逆さになるのがこわい

ポイント ↓

保育者がひざをついてしゃがみ、後ろから子どもの腰を支え、少しずつぶら下がる時間を延ばしましょう。また、逆さになるのをこわがって急に手を離すことがあるので保育者が背中に手を当てるなどして、安心感をもたせます。

保育者が腰を支えて

ボール運動

+ 投げる・けるが苦手
+ 受けるのが苦手

ポイント ↓

投げる・けるが苦手な子は P95「対面転がし」をくり返し行いましょう。また、受けるのが苦手な子は、P98「バウンドキャッチ」の練習時に、床に印をつけてそこにボールをバウンドさせる練習をしましょう。

床に印をつける

フープ運動

+ ケンパーが苦手
+ フープを使ったジャンプが苦手

ポイント ↓

最初はフープなしで友だちとケンパーを楽しみましょう。フープは1つか2つ置いて練習します。また、フープを回して跳ぶときは、「いち、に、ジャンプ」と保育者が手拍子をとりましょう。

手拍子に合わせて

平均台運動

+ 高いのがこわい
+ 渡るのがこわい

ポイント ↓

恐怖心を取り除くには、最初は平均台を2～3本つけて太くすることです。慣れてきたら本数を減らしていきます。下にマットを敷き、かつ保育者が横についてすぐ手を貸せるようにし、安心感のある中でくり返しましょう。

保育者が手を貸す

リズム運動

+ リズムに乗れない
+ スキップが苦手

ポイント ↓

うまくリズムに乗れない子の横に、保育者がついてリズムをとり、友だちも巻きこんで楽しく取り組めるようにしましょう。スキップが苦手な子はP122「スキップランラン」でおさらいを。

子どもに合わせてゆっくり

集団あそび

+ 集団の輪に入れない
+ ルールを覚えるのが苦手

ポイント ↓

集団の輪に入っていきにくい子には、友だちと友だちの間にはさむようにしてみましょう。ルールを覚えるのが苦手な子には、「○○ちゃん」と名前を呼びながらわかりやすい言葉にかみ砕いて説明し、簡単なルールにアレンジしても。

わかりやすい言葉で

もくじ

あそびを通して 子どもたちの心と体を育てよう　2
子どもに必要な基本運動は3つ！　8
運動あそびは step が大事！　16
運動が苦手な子の指導のポイント　18
もくじ　20
この本の使い方　22

1 全身運動　24

跳び上がる
ドタバタウサギ／大人のカンガルー　26
グーパージャンプ！／子どものカンガルー　27

腕で体を支える
ワンワン犬歩き／クマさん歩き　28
小さなカエル／ケンケンクマさん　29
大きなカエル　30

ぶら下がる
波乗りワニさん　30
ワニさん歩き／ワニさんの腕歩き　31
最強ワニ歩き　32

体を柔らかくする
二人で引っ張り　32
手あそびしながらぴったんこ　33

逆さになる
食いしん坊のラッコさん　33
足の間からコンニチハ／ブリッジで「ヤッホー」　34

遊具を使ってぶら下がる
ブランコゆらゆら／キックで倒そう！　35
登って下りて／おばけをやっつけろ！　36
ジャングルジムでぶら下がり　37
つかまり跳び／2本使ってぶら下がり　38
セミごっこ　39
サルのよじ登り／ぶら下がり我慢くらべ　40
ブラブラぶら下がり／スイスイ渡り棒　41

2 マット運動　42

マットに慣れる
ペンギン歩き／マットのぞうきんがけ　44
マット運び　45

転がる
さつまいもゴロゴロ　45
二人でさつまいもゴロゴロ／じゃがいもゴロゴロ　46

腕で体を支える
逆立ちで竹馬／両足手押し車　47
ユラユラゆりかご／前転　48
側転　49

3 なわ跳び運動　50

なわに慣れる
電車ごっこ／いろいろ電車ごっこ　52
長なわ引っ張りっこ　53

床に置いて渡る・跳ぶ
長なわ渡り　53
くねくねなわ走り／二人でなわ渡り　54
前向きジグザグ跳び／グーパー跳び　55
横向きジグザグ跳び　56

床から上げてくぐる・跳ぶ
ワニさん・ラッコさんでくぐり抜け／なわ高跳び　57
カンガルーのなわ高跳び　58

長なわを跳ぶ
回転なわ跳び　58
なわ通し／縦ヘビジャンプ　59
小波ジャンプ／大波ジャンプ　60
大波連続ジャンプ　61

短なわを跳ぶ
カウボーイごっこ／プロペラジャンプ　62
なわ止めジャンプ　63
短なわジャンプ／連続短なわジャンプ　64
走りながらジャンプ　65

4 跳び箱運動　66

跳び箱に慣れる
お風呂ごっこ／よじ登れるかな？　68
陣取り合戦／ジャンケンワニさん　69
ジャンプで渡ろう　70
足振りジャンプ　71

跳び下り・跳び乗り
よじ登りジャンプ　71
フープ目がけてジャンプ／ジャンプで拍手　72
両足ジャンプ越え　73

腕で体を支える
ウシガエルジャンプ　73
高速！　ウシガエルジャンプ　74

跳び越す
子馬横跳び　74
跳び乗るカエルさん　75
カエルさん、ちょっと休憩　76
開脚跳び　77

5 鉄棒運動 ... 78

ぶら下がる
おサルさんのぶら下がり／ブラブラ足で拍手 ... 80
ボール運び／カニさんのぶら下がり ... 81
リンゴぶら下がり ... 82

跳び上がる
跳び上がろう ... 82
スズメさん ... 83
跳び乗りカニさん歩き ... 84

逆さになる
レスキュー隊 ... 84
ナマケモノさん ... 85
おサルさんのジャンケン／コウモリさん ... 86
後ろ回り下り ... 87
地球一回転 ... 88

回る
前回り下り ... 89
忍者の前回り下り／片足振り ... 90
逆上がり ... 91

6 ボール運動 ... 92

ボールに慣れる
回して！ 回して！ ... 94
ぐるぐる回し ... 95

投げる・ける
対面ボール転がし ... 95
的当てあそび／キックトンネル ... 96
コロコロリレー ... 97

バウンドしてとる
小さくバウンドキャッチ／大きくバウンドキャッチ ... 98
二人でバウンドパス／歩いてドリブル ... 99

受ける
投げ上げキャッチ／くるりんキャッチ ... 100
円のドッジボール ... 101

7 フープ運動 ... 102

フープに慣れる
フープトンネル／フープコロコロ ... 104
手つなぎフープ通し ... 105

跳ぶ
フープ渡り ... 105
ケンパーでフープ渡り ... 106
フープ渡り・カンガルージグザグ跳び／フープ跳び ... 107

8 平均台運動 ... 108

平均台に慣れる
太い一本橋渡り／鉄橋渡り ... 110
仲よし二本橋渡り ... 111

1本を渡る
座って前進 ... 112
カニさんのしゃがみ歩き／ゆっくり一本橋渡り ... 113
一本橋でクルリン ... 114
小さな山越え／一本橋渡り ... 115

9 リズム運動 ... 116

リズミカルに体を動かす
汽車、汽車、走れ ... 118
どんぐりさんコーロコロ／ひよこさんの散歩 ... 119
カエルぴょんぴょん／トンボさんに変身 ... 120
横にギャロップ ... 121
スキップランラン／思いっ切りスキップ ... 122
なべなべそこぬけ ... 123

10 集団あそび ... 124

追いかけっこ
手つなぎオニ／しっぽつかまえた！ ... 126
仲間を守ろう！ ... 127

チームワーク
スーパーマンで競争！ ... 128
あんたがたどこさ ... 129
背中合わせでよいしょ！ ... 130
輪になって引っ張ろう ... 131

ジャンケン
食べちゃうぞ！ ... 132
グルグルクマさん ... 133

ルール
通り抜けできるかな ... 134
クマのかくれんぼ ... 135

✛ ✛ ✛

特別付録 1　年齢別！ 運動会プラン　3歳児 ... 136
　　　　　　　　　　　　　　　　　4歳児 ... 138
　　　　　　　　　　　　　　　　　5歳児 ... 142

特別付録 2　年齢別！ 1日30分から取り組める
　　　　　　3つの基本運動の指導案　3歳児 ... 146
　　　　　　　　　　　　　　　　　　4歳児 ... 150
　　　　　　　　　　　　　　　　　　5歳児 ... 154

身につく力　早見表 ... 158

この本の使い方

この本では、3〜5歳児が運動に必要な力を身につけるための運動あそびをご紹介。指導の流れや動きのポイントがひと目でわかるように構成されています。

運動は全10種

- 全身運動
- マット運動
- なわ跳び運動
- 跳び箱運動
- 鉄棒運動
- ボール運動
- フープ運動
- 平均台運動
- リズム運動
- 集団あそび

おもに身につく力

ここで紹介される運動で身につくおもな力をアイコンで示しています。特に身につけたい「跳躍力」「支持力」「懸垂力」の3つには旗印がついています。

力	説明	力	説明
跳躍力	ジャンプする（跳ぶ）力	握力	手を握る力
支持力	腕で体を支える力	回転感覚	回転する動作に慣れる感覚を身につけること
懸垂力	ぶら下がる力	脚力	足の力
協応性	異なる基本運動を組み合わせて行う力	高所感覚	高い場所や高い場所からの動作に慣れる感覚を身につけること
協調性	二人以上でひとつの動作を行う場合、息を合わせること	逆さ感覚	頭が足より下になる動作に慣れる感覚を身につけること
空間認知力	自分の体とまわりを取り巻く空間を把握する力	柔軟性	体の柔らかさ
瞬発力	瞬間的に力を出して運動を行う力	想像力	ひとつの動作から連続する次の動作を予測する力
バランス感覚	体の姿勢を保つ力	リズム感覚	音や拍子に合わせて連続的な調子を身につける

各運動で苦手意識をもった子への指導のヒントを掲載しています。

各運動で何を目的に取り組むのかを明記しています。

各運動での注意点と指導のポイントを明記しています。

指導の流れstepマーク

各運動での動作の目的と、身につけるためのstepがひと目でわかります。

3-4歳児
取り組む年齢の目安です。4-5歳児が3-4歳児の運動に立ち戻ってもかまいません。

言葉かけ
あそびの際に、子どもたちが取り組みやすくなるようなアドバイスや、興味を引き出すための言葉かけを紹介しています。

準備するもの
取り組むのに必要な道具などを示しています。

あそび方
取り組み方を解説しています。

跳び上がる step1 step2 step3
どの順番で指導していけばよいか迷ったら「指導の流れ」を見て、stepにそって取り組みましょう。

ポイント
あそびの中で、ポイントとなる動きやねらい、アドバイスを紹介しています。

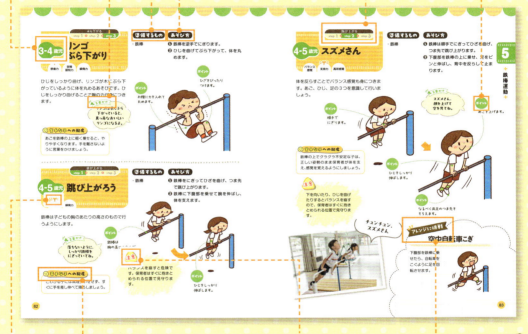

おもに身につく力
おもに身につく力の中でも、一番身につけたい力にはマークがついています。

苦手な子への配慮
動きが難しい子への配慮や、あそびをやさしくするための援助のポイントを紹介しています。

注意
ケガにつながりそうな危険な動きを避けるための注意点を紹介しています。

アレンジに挑戦
あそびがさらに広がるアレンジのあそびを提案しています。

特別付録1 運動会プラン
この本で紹介している運動あそびから、運動会用にアレンジしました。各年齢で分かれているので、参考にしてみてください。

特別付録2 3つの基本運動の指導案
1日30分から取り組める基本運動の指導案。P8-9で紹介している「跳躍力」「支持力」「懸垂力」をベースに、なわ跳び、側転、跳び箱、鉄棒（逆上がり）を最終目標にした、取り組みプランを提案しています。

23

1 全身運動

基本運動「跳躍力」「支持力」「懸垂力」に、「柔軟性」「逆さ感覚」を加えて、「できた！」という達成感を味わえるための力を育てます。本誌で取り上げているマットや跳び箱、なわ跳びなど、さまざまな運動へとつなげられるように、全身運動でしっかりとあそびこみましょう。

＋ねらい

動きの基本「跳躍力」「支持力」「懸垂力」を身につけ、体を動かすことの楽しさを知る。

＋おもに身につく力

 跳躍力　 支持力　懸垂力

指導の注意点・ポイント

難易度と発達を理解し、子どもの習得度に合わせて

注意点
- その場でのジャンプが苦手な子には床に印をつける、かかとをつけないジャンプが苦手な子には手本を見せるなど、発達段階を理解したうえで、子どもをよく見て取り組むあそびや行う順番を考えます。

ポイント
- いちばん取り組みやすい「ドタバタウサギ」から始め、ひざを曲げることを意識しながら、足裏全体からつま先でのジャンプへと手順を追って進めましょう。
- 基本の動きはどの運動にもつながるので、苦手な子がいれば保育者がていねいに手本を示し、動きのイメージをつかみやすくします。

苦手な子への配慮

- ジャンプでひざが曲がりにくい子は「大人のカンガルー」をしっかり行いましょう。
- 床に手をつく動作では、しっかり手のひらを床につけるように、手本を見せます。

全身運動の取り組み表

指導の流れ

跳び上がる → 26-27ページ

step 1	step 2	step 3
● ドタバタウサギ	● 大人のカンガルー ● グーパージャンプ！	● 子どものカンガルー

腕で体を支える → 28-30ページ

step 1	step 2	step 3
● ワンワン犬歩き ● クマさん歩き	● 小さなカエル ● ケンケンクマさん	● 大きなカエル

ぶら下がる → 30-32ページ

step 1	step 2	step 3
● 波乗りワニさん ● ワニさん歩き	● ワニさんの腕歩き	● 最強ワニ歩き

体を柔らかくする → 32-33ページ

step 1	step 2	step 3
● 二人で引っ張り	● 手あそびしながら 　ぴったんこ	―

逆さになる → 33-34ページ

step 1	step 2	step 3
● 食いしん坊のラッコさん	● 足の間からコンニチハ	● ブリッジで「ヤッホー」

遊具を使ってぶら下がる → 35-41ページ

	step 1	step 2	step 3
ブランコ	● ブランコゆらゆら	● キックで倒そう！	―
ジャングルジム	● 登って下りて	● おばけをやっつけろ！	● ジャングルジムで 　ぶら下がり
登り棒	● つかまり跳び	● 2本使ってぶら下がり	● セミごっこ ● サルのよじ登り
渡り棒	● ぶら下がり我慢くらべ	―	● ブラブラぶら下がり ● スイスイ渡り棒

3-4歳児 ドタバタウサギ

跳び上がる　step 1 ▶ step 2 ▶ step 3

跳躍力　脚力　リズム感覚

ウサギになりきって楽しくジャンプしましょう。ドタバタ跳びになっても構いません。上手に跳ぶことより、跳ぶ楽しさを体感しましょう。

あそび方

ウサギの耳をイメージして、手首と手指を頭の上に添えて、自由にジャンプをします。

ポイント
手首と指先はそろえてまっすぐに。

言葉かけ
ウサギさんになったつもりで、元気に跳ねようね。

苦手な子への配慮
動きが小さい子には、「手をうんと高く上げてごらん。高く跳べるよ」と手を添えましょう。

3-4歳児 大人のカンガルー

跳び上がる　step 1 ▶ step 2 ▶ step 3

跳躍力　脚力　瞬発力

カンガルーのように、ひざをしっかり使って前へジャンプしましょう。足裏全体で着地します。

あそび方

❶ 両足のひざを閉じて、両手首を胸の前で軽く曲げます。
❷ ひざを曲げ、両足をそろえて前へジャンプします。

言葉かけ
大きなカンガルーになろう。大きく前にジャンプ！

ポイント
両ひざをしっかり閉じます。

ポイント
足裏全体で着地します。

苦手な子への配慮
前にジャンプをするのが難しい子は、その場でジャンプをします。床に印をつけるとよいでしょう。

4-5歳児 グーパージャンプ！

跳び上がる step 2

跳躍力／脚力／リズム感覚

体全体を使うと、全身がほぐれます。指先や腕の曲げ伸ばし、足の閉じ開きを意識して行いましょう。

あそび方
1. 「グー」「パー」2種類のジャンプを体全体で行います。
2. 手足が同じ動きになるように、「グー」は手を胸の前にして足は閉じます。「パー」は手も足も大きく広げます。

言葉かけ
手と足一緒に「グー・パー」だよ。最初はゆっくりね。

苦手な子への配慮
最初は「グー」だけ、次は「パー」だけを行い、慣れてきたらつなげて行いましょう。

全身運動

4-5歳児 子どものカンガルー

跳び上がる step 3

跳躍力／脚力／瞬発力

ひざを曲げてジャンプします。つま先でジャンプするようにしましょう。自然に前かがみの姿勢になり、足への負担が減ります。

あそび方
1. 手を胸の前で軽く曲げ、ひざを閉じて立ちます。
2. ひざを軽く曲げ、腰を落とします。
3. かかとを上げて前へ小さくジャンプします。

言葉かけ
カンガルーさんはどんなふうにジャンプするかな？

ポイント：前かがみになります。
ポイント：かかとは上げます。

苦手な子への配慮
かかとを上げたジャンプが難しい子は、つま先立ちから行いましょう。ひざを軽く曲げ、かかとを床につけない姿勢を保育者が手本で見せましょう。

27

3-4歳児 ワンワン犬歩き

腕で体を支える step 1

支持力　協応性

あそび方
両手と両ひざを床につけて、歩き回ります。犬をイメージして、「ワンワン！」と鳴きまねをしながら行っても楽しいです。

四つんばいで自由に歩きます。手のひらをしっかり開くことで、歩くときに安定感が出ることを覚えます。

苦手な子への配慮
床につく手の指が丸まってしまう子は、P27「グーパージャンプ！」でパーの形をしっかりと身につけましょう。

言葉かけ：手とひざで歩くんだよ。「ワンワン！」

ポイント：あごを上げて、前を向きます。
ポイント：手のひらをしっかり広げます。

3-4歳児 クマさん歩き

腕で体を支える step 1

支持力　協応性

あそび方
❶ 両手を床につけ、腰を高く上げて自由に歩き回ります。
❷ ❶右手 ❷左足 ❸左手 ❹右足の順に、交互に手足を前に出します。クマをイメージして、「のっしのっし」とゆっくり歩きましょう。

床についた指先は、「パー」の形に開きます。体重が支えやすくなるとともに、指のケガも防ぎます。慣れてきたら、友だちと競争しても楽しいです。

苦手な子への配慮
上の「ワンワン犬歩き」同様、床につく手の指が丸まらないようにします。P27「グーパージャンプ！」をして、パーの形をしっかりと身につけましょう。

言葉かけ：ゆっくり歩いてみよう。ひざは床につけないよ！

ポイント：手のひらをしっかり広げます。
ポイント：ひざは床につけません。
ポイント：あごを上げて、前を向きます。

3-4歳児 小さなカエル

腕で体を支える step 1 ▶ step 2 ▶ step 3

支持力 / 協応性 / 瞬発力

ジャンプの瞬間に両腕で全身を支えるので、次のステップに必要な腕の力が身につきます。

あそび方

1. 両手を開き体より前に置き、両足は閉じます。
2. 両手を床につけたまま腰を高く上げてジャンプし、両足は手の内側に着地します。これを繰り返します。

言葉かけ　足を閉じてジャンプも小さくしよう。

ポイント　両手は肩幅より広い位置につきます。

ポイント　両足は同時に跳ね上げます。

苦手な子への配慮

最初は両足が閉じられなくてもOKとします。慣れてきたら足を閉じることに意識を向けさせましょう。

4-5歳児 ケンケンクマさん

腕で体を支える step 1 ▶ step 2 ▶ step 3

バランス感覚 / 支持力 / 協応性

P28「クマさん歩き」を繰り返し行ってからあそびます。慣れてきたら、上げた足を徐々に高くしてみましょう。前に進みやすくなり、最終的には跳ねているような動きになります。

あそび方

1. 両手をしっかり開いて床につけ、腰を高く上げます。
2. 片足を床から離してケンケンしながら歩き回ります。左足を上げる場合は、❶右手 ❷左手 ❸右足の順に前に出して歩きます。

言葉かけ　クマさんが後ろ足をケガして痛いから、床につけられないよ。

ポイント　あごを上げて前を見ます。

ポイント　ひざをピンと伸ばします。

ポイント　片足跳びになります。

苦手な子への配慮

まずは床に手をつけてひざをしっかり伸ばし、その場で足を上げる姿勢をキープする練習をしてからあそびましょう。

1 全身運動

4-5歳児 大きなカエル

腕で体を支える
step 1 ▷ step 2 ▷ **step 3**

支持力　跳躍力　瞬発力

繰り返しあそぶことで、自然と腕でしっかり体を支えることができるようになります。ひとけりずつジャンプすることに慣れてきたら、より大きく、より高い連続跳びに挑戦しても楽しいでしょう。

苦手な子への配慮

最初はゆっくり行い、手から足へとリズムをとりながら重心を移動して進む感覚を覚えていきましょう。指をしっかり開いて床につくと安定感が出ます。

あそび方

❶ 両手を肩幅より少しせまく床につけ、ひじを伸ばします。足は開いてひざを曲げます。
❷ 両足で床をけり上げ、足を開いてジャンプ。手よりも外側に着地します。これを繰り返します。

言葉かけ：両手はピンと伸ばして床につくよ。

ポイント：腰をなるべく高く上げます。

ポイント：足は手より前で着地します。

3-4歳児 波乗りワニさん

ぶら下がる
step 1 ▷ step 2 ▷ step 3

懸垂力　協調性

保育者と子どもが一緒に行います。保育者が子どもと手をつないだときに、子どもの腕がしっかり伸びる位置に固定し、腕を曲げて進みやすいようにしましょう。

苦手な子への配慮

最初は手をつなぎ、ひじを伸ばした姿勢をキープし、慣れてきたら、前に進むように子どもを促しましょう。

あそび方

❶ 保育者は足を開いて座ります。子どもは足の間にうつぶせになり、腕を伸ばして保育者と両手をつなぎます。
❷ 保育者は手の位置を固定しておき、子どもが腕を曲げて自力で前に進みます。

ポイント：保育者はひじを直角に曲げ、手の位置は固定します。

言葉かけ：ワニさんになって波の上をスーイスーイってすべろうね。

注意：幼児はまだ、ひじや肩の関節が弱いので、保育者は腕を引っ張らないようにします。

3-4歳児 ワニさん歩き

ぶら下がる step 1

懸垂力 脚力

あそび方
1. うつぶせになり、胸とお腹を床につけます。ひじを曲げ、両手は胸の横に置きます。
2. 左腕を前に出すときは右足を前に、右腕を前に出すときは左足を前に出しながら、はうように前進します。

ワニの歩き方のように、腕だけでなく足も使って進みます。腕の力が弱い幼児でも無理なく行える運動です。

言葉かけ
おへそと床が仲良しになるようにぴったりつけるよ。

苦手な子への配慮
足と手がバラバラに動いても、最初はOKとしましょう。

ポイント おへそは床につけたまま前進します。

ポイント あごは床すれすれのところで、顔はななめ上を向きます。

1 全身運動

4-5歳児 ワニさんの腕歩き

ぶら下がる step 2

バランス感覚 懸垂力

あそび方
1. うつぶせになり、胸とお腹を床につけます。ひじを曲げ、両手は胸の横に置きます。
2. 両足は伸ばしたまま動かさず、腕を左右交互に前に出しながら進みます。

腕だけで進むため、腕の力が必要です。鉄棒などにぶら下がる力が身につきます。

言葉かけ
ワニさんは足をケガしているよ。足は動かさないよ。

苦手な子への配慮
腕だけで前に進むのが難しい子は、多少ひざを使ってもかまいません。または、2歩進んだら休むなど無理のないように行いましょう。

ポイント あごを上げて、顔はななめ前を向きます。

ぶら下がる
step 1 ▶ step 2 ▶ **step 3**

4-5歳児 最強ワニ歩き

支持力　懸垂力

上体を持ち上げたまま進むため、ワニ歩きのなかで一番きつい運動。進む距離が長くなってきたら、平らな床の上だけでなく、マットをところどころに敷いたデコボコ道の上で行うなどしてみましょう。

あそび方

ひじを直角に曲げて上体を低くします。ひざを曲げ、お腹が床につかないように上体を低くしたまま進みます。

言葉かけ：おへそを床につけないようにね。

ポイント：お腹は床から離します。
ポイント：ひじは直角になる、ようにします。

苦手な子への配慮

うまくできない子は、P31「ワニさん歩き」「ワニさんの腕歩き」を十分に練習してから挑戦しましょう。

体を柔らかくする
step 1 ▶ step 2 ▶ step 3

3-4歳児 二人で引っ張り

協調性　リズム感覚　柔軟性

子ども二人で行うあそびです。引っ張られた子は、そのまま体を前に倒しておじぎをするようにします。リズミカルに交互に引っ張り合いましょう。

あそび方

❶ 二人で向かい合って座り、互いの足の裏をつけて足を伸ばします。
❷ 両手をつないで、交互に引っ張り合います。これを5回行います。

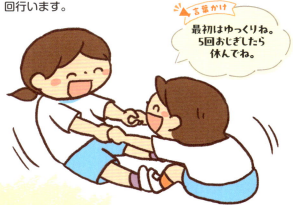

言葉かけ：最初はゆっくりね。5回おじぎしたら休んでね。

注意：勢いをつけて相手の腕を急に引っ張らないようにします。声をかけながら、息を合わせましょう。

苦手な子への配慮

二人で足を伸ばすと、手が届かない子も。その場合は、軽く足を曲げて行いましょう。

3-4歳児　手あそびしながらぴったんこ

体を柔らかくする　step 2

協応性／リズム感覚／柔軟性

楽しみながら柔軟体操をすることが目的なので、多少手がおそろかになってもOK。前屈することを意識します。慣れたら、少しスピードアップしましょう。

あそび方

1. 軽く足を開いて座ります。『トントントントンひげじいさん（てんぐさん）』の手あそび歌をうたいながら、行います。
2. 「♪トントントントン」で体を起こし、「♪ひげじいさん（てんぐさん）」で上半身を前に倒しましょう。
   - 「ひげじいさん」……あごの下で両手のこぶしを重ね、前屈します。
   - 「てんぐさん」……鼻の先に両手のこぶしを重ね、前屈します。

言葉かけ（一緒に歌います）「トントントントン～」

ポイント なるべく上半身を前に倒します。

苦手な子への配慮

二つの動作がなかなかできない子もいるので、はじめは手あそびと前屈を別々に行って、慣れたら同時に行いましょう。

3-4歳児　食いしん坊のラッコさん

逆さになる　step 1

バランス感覚／逆さ感覚／協応性

二つのことを同時に行うと、手か足のどちらかがおろそかになりがちです。こまめに声をかけるようにしましょう。

あそび方

1. あお向けになり、お腹の上で両手をグーにします。
2. 手でお腹をたたきながら足を動かし、頭上に向かって進みます。

言葉かけ ラッコさんは貝が大好きだよ。上手に割れるかな？

注意 子ども同士がぶつからないよう、同じ方向に向かって進むようにします。

ポイント 脇をしめます。

苦手な子への配慮

足を動かすことに夢中になり、手がおろそかになりがちですが、最初は見守り、慣れてきたら、「手でお腹をたたくよ」と声をかけましょう。

1　全身運動

4-5歳児 足の間からコンニチハ

逆さになる step 1 ▶ step 2 ▶ step 3

バランス感覚　リズム感覚　柔軟性

あそび方

❶ あお向けに寝て両足を持ち上げ、顔の前まで倒します。倒したら、顔が見えるまで開きます。つま先は床につくようにします。

❷ 足を下ろすときの反動で上半身を起こしたら、上体をゆっくり前に倒して額と胸を足に近づけます。

両足が持ち上がりにくいときや、ふらついて片方に倒れてしまうときは、保育者が支えましょう。

苦手な子への配慮

❷で足と胸がつかないときは、ひざを曲げ、太ももを胸につけて行います。少しずつひざを伸ばしていくと、やがてできるようになります。

言葉かけ：せーの、よいしょ！足が床についたね。

ポイント：足を開くことでつま先がつきやすくなります。

ポイント：前に上体を倒すときに腕を伸ばしましょう。

4-5歳児 ブリッジで「ヤッホー」

逆さになる step 1 ▶ step 2 ▶ step 3

支持力　空間認知力　柔軟性

あそび方

❶ あお向けになって足を軽く開き、両手を耳の横につきます。

❷ 体を一気に持ち上げたら、友だちに向けて「ヤッホー」と言いましょう。

足と手で上体を持ち上げる「ブリッジ」に挑戦です。足の親指に力を入れないと崩れやすいので、しっかり力を入れて体を支えるようにしましょう。

苦手な子への配慮

上体を持ち上げるのが怖い子もいます。最初は❶の姿勢をキープし、慣れることから始めましょう。

言葉かけ：足の親指に力を入れてね。

ポイント：手は耳の横につけます。

遊具を使った 全身運動 ブランコ

3-4歳児 ブランコゆらゆら

遊具を使ってぶら下がる
step 1 → step 2 → step 3

バランス感覚 / 懸垂力 / リズム感覚

ブランコに乗るあそびです。ブランコが前後にゆれたときのバランス感覚が、逆上がりの動作につながります。

準備するもの
・ブランコ

あそび方
ブランコをこぎます。スピードよりも前後にゆれる感覚を楽しみましょう。

言葉かけ
ゆらゆら気持ちいいね。

苦手な子への配慮
こげない子には、保育者が子どもの腰辺りを軽く押して手助けします。ゆれる感覚を楽しめるように力を加減してください。重心の移動がうまくできれば、自分でこげるようになります。

注意
保育者が押すときは、ブランコが高く上がるとこわがる子もいるので、子どもに合わせた手助けをしましょう。

3-4歳児 キックで倒そう！

遊具を使ってぶら下がる
step 1 → **step 2** → step 3

バランス感覚 / 懸垂力 / 握力

ブランコをこぐタイミングを身につけます。足を曲げるときは「キーック！」と声かけをすると、足の曲げ伸ばしのタイミングがとれるようになります。

準備するもの
・ブランコ
・絵を描いたカード

あそび方
❶ 保育者は怪獣などの絵を描いたカードを、子どもがキックできる高さに持ってブランコの前に立ちます。
❷ 子どもはブランコをこぎながら、カードに向かってキックします。

ポイント
はじめは子どもの近くにカードをかかげ、少しずつ距離を離していきます。

言葉かけ
さあ、思い切りキックして怪獣をやっつけよう！

注意
足をめいっぱい伸ばしたときに、ブランコから手を離して落ちないよう注意します。

苦手な子への配慮
こわがる子は、ブランコをこぎながら、片足を伸ばす練習をしましょう。

1 遊具を使った全身運動 ブランコ

35

遊具を使った 全身運動 ジャングルジム

3-4歳児 登って下りて
遊具を使ってぶら下がる step1

懸垂力 / 空間認知力 / 高所感覚

準備するもの
・ジャングルジム

あそび方
1. ジャングルジムをゆっくり一段一段登ります。
2. てっぺんまで登ったら、下まで下ります。外側、内側のどちらで行ってもかまいません。

登るときは手を先に一段上にかけます。下りるときは、足を先に一段下にかけます。こうすると、スムーズに登り下りできます。

言葉かけ
登るときは手を先に動かそう。下りるときは足が先ね。

苦手な子への配慮
こわくて登れない子には、保育者が声をかけて安心させながら、お尻を持ち上げます。二段、三段と少しでも登れたらほめましょう。

3-4歳児 おばけをやっつけろ！
遊具を使ってぶら下がる step2

懸垂力 / 空間認知力 / 想像力

準備するもの
・ジャングルジム
・おばけのイラスト

あそび方
1. ジャングルジムの数ヶ所に、おばけのイラストを貼ります。
2. 子どもは自由にジャングルジムに登り、下から順におばけのイラストにタッチし、頂上のイラストにタッチして降ります。

自分の手や足がどの位置にあるのか、どのように動かしたいのかを意識できるあそびです。自分の体をコントロールする力が身につきます。

言葉かけ
おばけにタッチしてやっつけよう！

苦手な子への配慮
イラストを1つタッチすることから始めましょう。高さも考慮しながら、慣れてきたら数を増やします。

3-4歳児 ジャングルジムでぶら下がり

遊具を使ってぶら下がる
step 1 ▶ step 2 ▶ step 3

懸垂力　空間認知力　握力

ジャングルジムにぶら下がるあそびです。ジャングルジムの内側と外側の2種類のぶら下がり方を選びます。また、いろいろな位置で高さを変えながらぶら下がってみましょう。

準備するもの
・ジャングルジム

あそび方❶
内側に体を向けて横の棒をにぎり、ぶら下がります。

あそび方❷
外側に体を向けて横の棒をにぎり、ぶら下がります。

1　遊具を使った全身運動＋ジャングルジム

言葉かけ
手が疲れたら、ジャングルジムに足を乗せてね。

あと少し、がんばってみよう

注意
疲れたら足を置いて休めるように、足元に棒がある位置で行います。

😊 苦手な子への配慮
地面に足がつくくらいの高さから始めます。ジャングルジムの内側、外側のどちらを向いて行うかで、ぶら下がるこわさも変わります。子どもに、こわくないほうを選んでチャレンジしてもらいましょう。

遊具を使った 全身運動 — 登り棒

3-4歳児 つかまり跳び

遊具を使ってぶら下がる step 1 ▶ step 2 ▶ step 3

跳躍力　懸垂力　握力

つかまってジャンプすることで、普通にジャンプするよりも高く跳ぶことができます。目線が高くなるので、跳ぶごとにわくわくします。

言葉かけ
棒をしっかりにぎってね。思いっ切り高くジャンプ！

苦手な子への配慮
最初は1本の登り棒に両手でつかまり、小さくジャンプします。慣れてきたら、高く跳んだり、2本の登り棒をつかんでジャンプしましょう。

準備するもの
・登り棒

ポイント
棒をにぎる位置（高さ）は、どんどん変えます。

あそび方 ①
1本の登り棒に両手でつかまり、その場でジャンプをします。

あそび方 ②
2本の登り棒にそれぞれの手でつかまり、ジャンプをします。

4-5歳児 2本使ってぶら下がり

遊具を使ってぶら下がる step 1 ▶ step 2 ▶ step 3

懸垂力　高所感覚　握力

鉄棒運動につながるあそびです。**あそび方②**は、足の運動にもなります。慣れたら体全体をゆすってみましょう。

言葉かけ
登り棒をしっかりつかんでね。

苦手な子への配慮
あそび方①は、靴をはいたままではすべることも。裸足で行ってみましょう。

準備するもの
・登り棒

あそび方 ①
2本の登り棒の間に立って、背伸びをした高さでにぎります。足も2本の棒につけてバランスをとり、大の字をつくります。

あそび方 ②
2本の登り棒の間に立ち、背伸びをした高さでにぎります。足を地面から離してぶら下がり、足を動かします。

ポイント
腕はなるべく伸ばします。

ポイント
足を閉じたり開いたり、前後左右に振ったりします。

遊具を使ってぶら下がる
step 1 ▶ step 2 ▶ **step 3**

4-5歳児 セミごっこ

懸垂力 / 高所感覚 / 握力

準備するもの
・登り棒

あそび方
❶ 背伸びをして手を伸ばした高さで登り棒をにぎります。
❷ ジャンプして、手と足両方で棒につかまります。セミになって「ミーン、ミーン」と鳴きまねをしてみましょう。

1 ＋ 遊具を使った**全身運動** ＋ 登り棒

体を支えるためには、手と足の両方に力が必要です。ポーズを長くキープできるようにしましょう。

言葉かけ
セミさんになった気持ちで鳴こうね！

ポイント
裸足で行ってもよいでしょう。

苦手な子への配慮
足を地面から離さず、立ったままセミのポーズをとります。十分慣れたら、低い位置から始めましょう。

ミーン、ミーン

アレンジに挑戦
先に落ちたら負け！

慣れたらセミごっこで、友だちと、どちらが長くつかまっていられるか競争してみましょう。

39

遊具を使った **全身運動** 登り棒・渡り棒

遊具を使ってぶら下がる
step 1 ▷ step 2 ▷ **step 3**

4-5歳児 サルのよじ登り

懸垂力　高所感覚　握力

準備するもの
・登り棒

あそび方
❶ 背伸びをした高さで登り棒をにぎります。手と足の両方で棒につかまり、よじ登ります。
❷ 上まで登れたら「ウッキッキ」とサルの鳴きまねをしてみましょう。

高いところによじ登る気持ちよさを体験できるあそびです。高いところが苦手な子には、保育者がサポートしましょう。

言葉かけ
おサルさんの気持ちで「ウッキッキ」。

ポイント　太ももを棒にからめます。
足のつかまり方は2種類
ポイント　両足の裏で棒をはさみます。

苦手な子への配慮
できない子には、保育者が子どもの足の真下ににぎりこぶしをつくります。子どもがそれをはしご代わりにして登りましょう（P15）。

遊具を使ってぶら下がる
step 1 ▷ step 2 ▷ step 3

3-4歳児 ぶら下がり我慢くらべ

懸垂力　高所感覚　握力

準備するもの
・渡り棒（うんてい）

あそび方
渡り棒（うんてい）にぶら下がります。どのくらいぶら下がっていられるか、数をかぞえてみましょう。鉄棒でもできます。

鉄棒運動につながるあそびです。手に全身の重みがかかる感覚を覚えましょう。子ども同士が向き合ってぶら下がっても楽しいです。

言葉かけ
あと2つ数えるまでがんばろう！

ポイント　にぎる手は「サル手」（P78参照）で行います。

苦手な子への配慮
最初は保育者が下で子どもの体を支え、重みがかからない体勢で、渡り棒（うんてい）を「サル手」でにぎりましょう。

遊具を使った 全身運動 渡り棒

1

遊具を使った全身運動 登り棒・渡り棒

遊具を使ってぶら下がる　step 1 ▶ step 2 ▶ **step 3**

4-5歳児　ブラブラぶら下がり

懸垂力／高所感覚／握力

準備するもの
・渡り棒（うんてい）

あそび方
渡り棒（うんてい）の横棒2本をにぎってぶら下がります。体を前後左右に振ります。

体をゆらすと、ただぶら下がるよりも手に全身の重みがかかります。背中を伸ばしお腹に力を入れると、体が少し軽くなることを体感できるようにします。

> **言葉かけ**
> 背中はピンと伸ばしてね。お腹にも力を入れるよ。

> 😊 **苦手な子への配慮**
> できない子には、保育者が下で体を支えて行います。まずはぶら下がることに慣れるようにしましょう。

遊具を使ってぶら下がる　step 1 ▶ step 2 ▶ **step 3**

4-5歳児　スイスイ渡り棒

懸垂力／高所感覚／握力

準備するもの
・渡り棒（うんてい）

あそび方
渡り棒（うんてい）にぶら下がり、片手ずつしっかりにぎりながら一段一段渡ります。

渡るコツは、足を何回か前後に振って、勢いをつけること。前の棒がつかみやすくなります。

> **言葉かけ**
> 片手を離したとき、もう片方の手はにぎったままだよ。

> 😊 **苦手な子への配慮**
> できない子には、ぶら下がったときに保育者が体を支えたり、手をとって前の棒をにぎってもらうようにしましょう。

41

2 マット運動

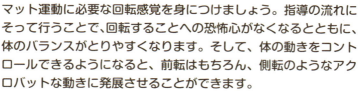

マット運動に必要な回転感覚を身につけましょう。指導の流れにそって行うことで、回転することへの恐怖心がなくなるとともに、体のバランスがとりやすくなります。そして、体の動きをコントロールできるようになると、前転はもちろん、側転のようなアクロバットな動きに発展させることができます。

✚ ねらい

おもに「両腕で体を支える力」と「回転感覚」を養い、自分の体をコントロールする力を身につける。

✚ おもに身につく力

支持力　　回転感覚　　バランス感覚

指導の注意点・ポイント

回転する向きによってあごの閉じ開き（上げ下げ）を意識して

注意点
- マットを扱うときは、マットのみみを中に入れましょう。
- マット上を転がるときは、子ども同士がぶつからないように一方向で行います。
- 「前転」は首に負担がかからないように、後頭部からつくようにします。
- 「側転」は保育者が子どもの背中側に立ち、腰が上がったときに腰を支えます。

ポイント
- 「前転」などの"回転系"の運動では、あごを閉じ（あごを引く）、背中を丸めましょう。また、ひざと胸の間は、ボール1個分の空間をつくります。
- 「さつまいもゴロゴロ」や「側転」などの"転回系"の運動では、あごを開き（あごを上げる）、背中をぴんと伸ばしましょう。

苦手な子への配慮

- 「マットに慣れる」運動を繰り返し行い、「転がる」は保育者が静かに押すなどします。
- 「前転」などの"回転系"の運動は、慣れるまでは、「ユラユラゆりかご」で実際にボールをはさむと感覚がつかみやすくなります。

マット運動の取り組み表

指導の流れ

マットに慣れる → 44-45ページ

step 1	step 2	step 3
●ペンギン歩き	●マットのぞうきんがけ	●マット運び

転がる → 45-46ページ

step 1	step 2	step 3
●さつまいもゴロゴロ	●二人でさつまいもゴロゴロ	●じゃがいもゴロゴロ

腕で体を支える → 47-49ページ

step 1	step 2	step 3
●逆立ちで竹馬	●両足手押し車 ●ユラユラゆりかご	●前転 ●側転

3-4歳児 ペンギン歩き

マットに慣れる **step 1** ▶ step 2 ▶ step 3

バランス感覚　協応性　脚力

マット運動の導入のあそびです。
ひざをついて歩くことで、マットの感触を覚えます。慣れてきたら、後ろ向きにも進んでみましょう。

言葉かけ
前を見て、腕をしっかり振って元気に歩こう！

苦手な子への配慮
はじめはゆっくり歩くように指示します。保育者も一緒に歩いてみましょう。

準備するもの
・マット

あそび方
❶ マットにひざをついて、背筋を伸ばします。
❷ ひざを使って前に進みます。

ポイント
上体はまっすぐにします。

3-4歳児 マットのぞうきんがけ

マットに慣れる step 1 ▶ **step 2** ▶ step 3

支持力　脚力　瞬発力

マットの感触や弾力性がわかります。大きなぞうきんのイメージで二人で行いましょう。

言葉かけ
ぐーっと押して！ぞうきんがけがイメージだよ！

苦手な子への配慮
両手をついて、腰を浮かせた状態でもOK。慣れてきたら、マットを押してみましょう。

準備するもの
・マット

あそび方
❶ 二人一組になります。マットの端に両手をつき、腰を浮かせます。
❷ 保育者の合図でマットに手をついたまま前に進みます。

ポイント
手のひらを開き、手全体でマットをとらえるようにします。

注意
指がマットに巻きこまれて、ケガをすることがあります。手をつくときは、マットから親指が出ないようにします。

4-5歳児 マット運び

マットに慣れる　step 1 ▶ step 2 ▶ **step 3**

脚力　協調性

準備するもの
・マット

あそび方
❶ マットの後方にある両端のみみを、子どもが持ちます。進行方向のマットの端を保育者が持ちます。
❷ 保育者の合図で持ち上げてスタートし、ゴールまで走り進みます。

2 マット運動

保育者は後ろ向きに走り、マットのみみを持っている子どもたちの様子を見ながら、「いち、に」と声をかけて息を合わせましょう。

言葉かけ
マットのみみはしっかり持っててね。

ポイント
マットを持つのは両手でも片手でもかまいません。

苦手な子への配慮
マットを床に置いたまま、みみを持つ練習をしましょう。慣れたら持ちあげてみましょう。

注意
一人が手を離すとバランスを崩し危険です。子どもたちにマットのみみをしっかり持つよう話しておきます。

3-4歳児 さつまいもゴロゴロ

転がる　**step 1** ▶ step 2 ▶ step 3

バランス感覚　空間認知力　回転感覚

準備するもの
・マット

あそび方
❶ マットの端にうつぶせで寝転がり、両手と両足をまっすぐ伸ばします。
❷ マットの反対の端まで転がります。

指先を見るようにして回転すると、目が回りにくくなります。体をまっすぐに保ちながら、横に転がることが大切です。

言葉かけ
体を伸ばして転がるよ！

ポイント
指先までピンと伸ばします。

苦手な子への配慮
保育者がそばについて体を転がしましょう。慣れたら自力で転がりましょう。

45

4-5歳児 二人でさつまいもゴロゴロ

転がる step2

バランス感覚／回転感覚／協調性

子ども二人で行うあそびです。顔を上げ、互いの目を見ながら回転するのがポイント。目が回りにくくなります。お腹に力を入れてまっすぐ転がりましょう。

言葉かけ
お友だちの目を見ようね！

😊 苦手な子への配慮
手をつないだ状態でしばらく寝転がります。保育者が転がしてもOK。

準備するもの
・マット

あそび方
❶ マット2枚を平行につけて並べます。子ども二人が向かい合ってうつぶせに寝転がり、手を頭上に伸ばしてつなぎます。
❷ そのままマットの端から端まで転がります。

ポイント 足と腕をピンと伸ばします。

4-5歳児 じゃがいもゴロゴロ

転がる step3

バランス感覚／空間認知力／回転感覚

ひざを少し開くと回転しやすくなります。斜めに転がりマットからはみ出さないよう、コントロールすることが大切です。

😊 苦手な子への配慮
はじめは、保育者が横から肩と腰に手を当てて、静かに押して回転を助けましょう。

準備するもの
・マット

あそび方
❶ マットにあお向けに寝転がり、両ひざをしっかり抱えます。
❷ マットの端から端へ転がります。

言葉かけ
じゃがいもさんはどんな形だった？体を丸めてみよう。

ポイント あごを上げ、頭の上を見るようにすると、目が回りにくくなります。

3-4歳児 逆立ちで竹馬

腕で体を支える　step 1 → step 2 → step 3

支持力　逆さ感覚

子どもは逆さになる感覚と、相手と息を合わせることを覚えます。「いち、に」と互いに声をかけ合いながら行いましょう。

準備するもの
・マット

あそび方
1. 子どもは手とひざをつきます。
2. 保育者が子どもの両足を持ち上げ、子どもを逆さまにします。
3. 子どもの手を保育者の足の甲に乗せて、息を合わせて歩きます。

言葉かけ
一緒に「いち、に」って言いながら進もうね。

注意
子どもを逆さにするときは、ゆっくり少しずつ持ち上げます。転倒しないようにしっかり足首をにぎります。

苦手な子への配慮
まずは逆さの体勢に慣れることから始めます。慣れてきたら、足の甲に手を置くよう声をかけましょう。

4-5歳児 両足手押し車

腕で体を支える　step 1 → step 2 → step 3

支持力　空間認知力　協調性

一人が床に手をついている子の太ももを持ち、押しながら歩きます。太もも→ひざ→足首の順に難しくなるので、子どもの発達に合わせて持つ位置を決めましょう。

準備するもの
・マット

あそび方
子どもは二人一組になります。一人が床に手をつき、もう一人が両足の太ももを持って、前進します。

言葉かけ
いち、に、いち、に、息を合わせて進もうね！

ポイント
顔を上げ、前を見て進みます。

ポイント
太もものあたりを持ちます。

苦手な子への配慮
まずは太ももを持った姿勢をキープ。お互いに慣れたら歩き出します。

2 マット運動

4-5歳児 ユラユラゆりかご

腕で体を支える　step 1 ▶ **step 2** ▶ step 3

バランス感覚　回転感覚　協応性

前転のフォームが身につくあそびです。背中を伸ばしたままだとうまく後ろに倒れません。胸と太ももの間に、大きめのボールを抱えているようなイメージで空間をつくりましょう。

準備するもの
・マット

あそび方
① マットにひざを抱えて座り、背中を丸めます。
② 勢いをつけて後ろに倒れ、元の姿勢に戻ります。起き上がりこぼしのように繰り返し行います。

ポイント 背中を丸めます。
言葉かけ ゆりかごにゆられるように、ゴロンゴロンと転がるよ！
ポイント 頭が床に着く前に起き上がります。

苦手な子への配慮
ボールをお腹に乗せたような空間がうまくつくれない子は、実際にボールをお腹に抱えてみましょう。

4-5歳児 前転

腕で体を支える　step 1 ▶ step 2 ▶ **step 3**

支持力　空間認知力　回転感覚

回転するときに足の間に頭を入れるようにして、天井を見るつもりで行うと回転しやすくなります。

準備するもの
・マット

あそび方
① 足を肩幅に開いて立ち、両手をしっかりマットにつけます。
② 後頭部からゆっくり前に回り、起き上がります。

言葉かけ 頭のてっぺんではなくて、頭の後ろをつけてみよう。

ポイント 慣れるまでは、ひざを軽く曲げて回ります。
ポイント 背中を丸めた状態で起き上がります。
ポイント 手は足の近くにつきます。

苦手な子への配慮
まずは①の姿勢をとり、足の間から後ろをしっかり見ることで、この姿勢に慣れるようにしましょう。

注意 首に負担がかからないように、頭のてっぺんを床につけず、後頭部から回転するようにします。

48

4-5歳児 側転

腕で体を支える
step 1 ▶ step 2 ▶ step 3

支持力　空間認知力　回転感覚

構えの手と足が体の横につきます。手をついて、側転してから着地までが一直線になるようにしましょう。

準備するもの
・マット

あそび方
1. 両手をしっかり上に伸ばし、両足を肩幅より広く開いて構えます。
2. 向かう方向につま先を向け、片足を大きく振り上げて腕をまっすぐつき出します。
3. 手を横に順番について、足を高く振り上げます。
4. 振り上げた足を横に回転させて両足で着地します。

苦手な子への配慮
側転がうまくできない子には、回転途中に腰が上がったとき、保育者が背中側から両手で腰を支えます。

2 マット運動

注意
ぶつからないように、広い場所で行いましょう。保育者は目を離さないようにしてください。

言葉かけ
腕をしっかり伸ばそうね！

ポイント　しっかりと腕を伸ばして手をつきます。

ポイント　あごを上げるときれいな側転になります。

手足の動き

※つき手（利き手）が右手の子どもは、手足の動きが逆になります。

3 なわ跳び運動

発達や習得度に合わせて、①両足をそろえる ②両足をそろえてジャンプする ③なわを視覚でとらえてジャンプする ④両腕を同じリズムで回転する の順番に体験することで、なわ跳びの動きが身につきやすくなります。また、なわの動き、自分で回すときのなわの回転をイメージする力も養われます。

ねらい

「なわに慣れる」運動で手と足を同時に動かすことが身につき、自分でなわを回したり、タイミングよく跳んだりする力を身につける。

おもに身につく力

跳躍力　協応性　空間認知力

指導の注意点・ポイント

長なわでジャンプのタイミングをつかみ、短なわへ

注意点
- 長なわは約5mの麻・綿素材が扱いやすいです。
- 短なわは1.5～2mの麻、綿素材がベスト。ビニール・プラスチック素材よりも幼児には跳びやすいです。
- 幼児は手首の関節が未熟です。ひじ、または肩を中心に大きく回すよう声かけをしましょう。

ポイント
- 保育者は、子どものジャンプのタイミングで長なわを回すようにします。
- P57「ワニさん・ラッコさんでくぐり抜け」「なわ高跳び」、P58「カンガルーのなわ高跳び」は、ゴムひもを使っても。

苦手な子への配慮

・最初は両足をそろえて跳べなくてもよしとし、なわを跳ぶ楽しさを体験しましょう。慣れてきたら「今度はひざをピッタリくっつけよう」と声をかけます。

なわ跳びの取り組み表

指導の流れ

なわに慣れる → 52-53ページ
- step 1: 電車ごっこ
- step 2: いろいろ電車ごっこ
- step 3: 長なわ引っ張りっこ

床に置いて渡る・跳ぶ → 53-56ページ
- step 1: 長なわ渡り／くねくねなわ走り
- step 2: 二人でなわ渡り／前向きジグザグ跳び／グーパー跳び
- step 3: 横向きジグザグ跳び

床から上げてくぐる・跳ぶ → 57-58ページ
- step 1: ワニさん・ラッコさんでくぐり抜け
- step 2: なわ高跳び
- step 3: カンガルーのなわ高跳び

長なわを跳ぶ → 58-61ページ
- step 1: 回転なわ跳び／なわ通し
- step 2: 縦ヘビジャンプ／小波ジャンプ
- step 3: 大波ジャンプ／大波連続ジャンプ

短なわを跳ぶ → 62-65ページ
- step 1: カウボーイごっこ
- step 2: プロペラジャンプ／なわ止めジャンプ
- step 3: 短なわジャンプ／連続短なわジャンプ／走りながらジャンプ

51

3-4歳児 電車ごっこ

なわに慣れる step1 ▶ step2 ▶ step3

協応性 脚力 協調性

数人でなわの中に入り、歩き回ります。行き先は先頭の子が決めるので、交代で行いましょう。

準備するもの
・長なわ

あそび方
① なわを輪にして、子どもが数人入ります。
② 両手でなわを持ち、歩き回ります。行き先は先頭に立つ子が決めます。

言葉かけ
先頭の子について行くよ。行き先はどこかな？

ポイント
目的地についたら先頭交代です。

苦手な子への配慮
先頭の子が行き先を決められないようなときは、保育者が行き先を決めてもOK。到着したらタッチして、元の位置に戻るように声をかけましょう。

3-4歳児 いろいろ電車ごっこ

なわに慣れる step1 ▶ step2 ▶ step3

協応性 脚力 協調性

先頭の子の動きを真似するあそびです。先頭の子は歩き方に変化をつけるよう伝えます。

準備するもの
・長なわ

あそび方
① 輪にしたなわの中に子どもが数人入り、両手でなわを持ちます。
② 先頭の子はジャンプしたり、走ったり止まったりしながら自由に進みます。他の子どもたちは、先頭の子の動きに合わせながら歩き回ります。

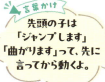

言葉かけ
先頭の子は「ジャンプします」「曲がります」って、先に言ってから動くよ。

ポイント
保育者の合図で先頭交代です。

苦手な子への配慮
先頭の子が動きを決められないときは、「走って」「止まって」「はい、ジャンプ！」など、声をかけましょう。

3-4歳児 長なわ引っ張りっこ

なわに慣れる step 1 → step 2 → step 3

握力／協調性

準備するもの
・長なわ

あそび方
二組にわかれて子どもたちが長なわを持ち、綱引きの要領で両方からなわを引っ張り合います。

足を開き、しっかり腰を落として長なわを引っ張ります。

3 なわ跳び運動

言葉かけ
「よいしょ、よいしょ！」とかけ声をかけようね。

注意
ケガにつながるので、急になわから手を離さないようにします。

苦手な子への配慮
引っ張るのがこわく感じている子には、保育者が後ろにまわって、一緒に引っ張るようにしましょう。

3-4歳児 長なわ渡り

床に置いて渡る・跳ぶ step 1 → step 2 → step 3

バランス感覚／脚力

準備するもの
・長なわ

あそび方
長なわを一直線に床へ置き、歩いて渡ります。慣れてきたら、早歩きにチャレンジしてみましょう。

なわとびの上を、綱渡りのように歩きます。なわの代わりにビニールテープを一直線に貼って、その上を歩いても。

言葉かけ
綱渡りみたいだね。落ちないように歩こう。

ポイント
両手でバランスをとります。

苦手な子への配慮
うまく歩けない場合は裸足で行い、つま先で歩きます。足の裏でなわの感触を楽しみましょう。

3-4歳児 くねくね なわ走り

床に置いて渡る・跳ぶ
step 1 ▶ step 2 ▶ step 3

バランス感覚 ／ 脚力

準備するもの
・長なわ

あそび方
長なわを数本つなげて曲線に置き、その上をくねくね走ります。

曲線に置いたなわから落ちないように走ります。緩やかな曲線から行い、だんだん難しくしましょう。

> 言葉かけ
> つま先に力を入れて走るよ！

ポイント
つま先にしっかり力を入れて走ります。

> 苦手な子への配慮
> 初めは短い距離を走ることを目標にしましょう。

3-4歳児 二人で なわ渡り

床に置いて渡る・跳ぶ
step 1 ▶ **step 2** ▶ step 3

バランス感覚 ／ 脚力 ／ 協調性

準備するもの
・長なわ

あそび方
❶ 子ども二人で行います。2本のなわを床へ平行に置きます。
❷ ❶のなわの上を二人で手をつないで歩きます。

一人でなわを渡るよりも、バランスをとるのが難しいあそびです。息を合わせて繰り返し行いましょう。

ポイント
お腹に力を入れてバランスをとります。

> 言葉かけ
> 「せーの」で出発しよう。お友だちの様子を見ながら歩こう。

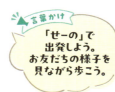

> 苦手な子への配慮
> 歩く距離が短くなるように、なわの長さを短くしてみましょう。

3-4歳児 前向きジグザグ跳び

床に置いて渡る・跳ぶ step2

跳躍力 空間認知力 瞬発力

床にかかとをつけないようにつま先でジャンプして、なわを跳び越えます。なわの位置を意識するのがコツです。

準備するもの
・長なわ

あそび方
1. なわを一直線に床へ置き、なわと平行に立ちます。
2. 手をにぎって胸の前で軽く曲げ、腰を少しかがめます。
3. 体は前向きのまま、なわの両脇を左右交互に斜め前に向かって、ジグザグに跳び越えながら進みます。

言葉かけ：なわを越えるよ！はい、いち、に、いち、に！

苦手な子への配慮
左右交互に連続して跳び越えるのは難しいので、最初は1回だけ跳び越えればOKとしましょう。

ポイント 腕を振って勢いをつけます。
ポイント 両ひざは閉じます。
ポイント つま先でジャンプ。

3-4歳児 グーパー跳び

床に置いて渡る・跳ぶ step2

跳躍力 空間認知力 瞬発力

グーパーでなわを進んでいきます。グーではかかとを床につけず、つま先で着地し、パーでは足の裏全体をつけて床をとらえるようにします。

準備するもの
・長なわ

あそび方
1. 2本のなわを20cmくらいあけて床へ平行に置きます。
2. なわの内側は足を閉じてグー、なわの外側は足を開いてパーにし、繰り返し跳びながら進みます。

言葉かけ：なわを踏まないように、グーパーで跳んでね。

苦手な子への配慮
なかなかうまく跳べない子は、はじめは床にテープを貼って練習します。慣れてきたらゴムひも、できたらなわへと、段階的に進めましょう。

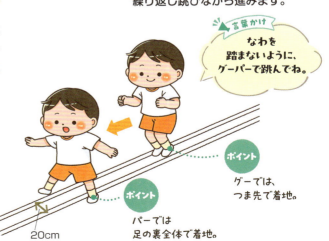

ポイント グーでは、つま先で着地。
ポイント パーでは足の裏全体で着地。
20cm

3 なわ跳び運動

4-5歳児 横向きジグザグ跳び

床に置いて渡る・跳ぶ
step 1 ▶ step 2 ▶ step 3

跳躍力　空間認知力　瞬発力

P55の「前向きジグザグ跳び」の応用編。ジャンプは、かかとを床につけず、つま先で着地します。自分の体を自在に動かす力がより高まります。

準備するもの
・長なわ

あそび方
❶ なわを一直線に床へ置き、なわと直角に立ちます。
❷ 斜め前にジャンプしてなわを跳び越え、体がなわと平行になるように着地します。
❸ 次に、反対側の斜め前にジャンプしてなわを跳び越え、体がなわと直角になるように着地します。これを繰り返し行います。

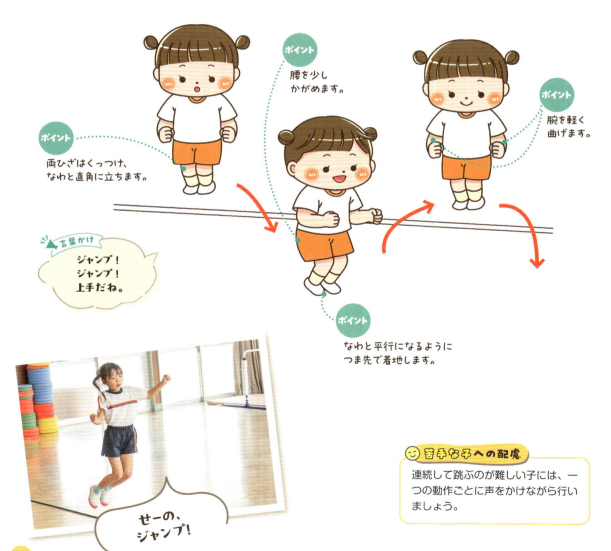

ポイント　両ひざはくっつけ、なわと直角に立ちます。

ポイント　腰を少しかがめます。

ポイント　腕を軽く曲げます。

ポイント　なわと平行になるようにつま先で着地します。

言葉かけ　ジャンプ！ジャンプ！上手だね。

せーの、ジャンプ！

苦手な子への配慮
連続して跳ぶのが難しい子には、一つの動作ごとに声をかけながら行いましょう。

3-4歳児 ワニさん・ラッコさんでくぐり抜け

床から上げてくぐる・跳ぶ
step 1 ▶ step 2 ▶ step 3

跳躍力　空間認知力　協応性

ワニさんやラッコさんになりきって、なわにかからないようにくぐりぬけましょう。

準備するもの
・長なわ

あそび方
❶ なわを床から30cmくらいの高さに張ります。
❷ うつぶせになって腕と足を動かしながら進み（P31「ワニさん歩き」参照）、なわの下をくぐります。
❸ 次に、あお向けになって、足だけ動かして、頭上に向かって進み（P33「食いしん坊のラッコさん」参照）、なわの下をくぐります。

ポイント
足も動かして前に進みます。

言葉かけ
ワニさんはどんなふうに進むかな？ラッコさんはどんなふうに泳ぐかな？

苦手な子への配慮
保育者も一緒に行い、動きの手本を見せましょう。

3-4歳児 なわ高跳び

床から上げてくぐる・跳ぶ
step 1 ▶ step 2 ▶ step 3

跳躍力　空間認知力　脚力

なわ跳びでバーをつくり、ジャンプして跳び越えます。楽しみながら、足の力がしっかりつきます。

準備するもの
・長なわ

あそび方
❶ なわを床から10cmくらいの高さに張ります。
❷ 手を胸の前で曲げ、腰をかがめ、両ひざをつけます。
❸ 腕を振って反動をつけ、つま先でジャンプして跳び越えます。

苦手な子への配慮
跳び越えることにこわがる子もいます。そんなときは、なわの高さを思い切り低くします。跳び越える楽しさを味わえると、恐怖心もなくなります。

言葉かけ
ひざをぴったりくっつけて高くジャンプ！

ポイント
両ひざをしっかり閉じます。

ポイント
つま先で思い切りジャンプします。

3 なわ跳び運動

3-4歳児 カンガルーのなわ高跳び

床から上げてくぐる・跳ぶ　step 1 ▶ step 2 ▶ step 3

跳躍力　空間認知力　脚力

ひざをしっかり使って、2本のなわを跳び越えます。つま先で思い切りジャンプするのがコツです。

準備するもの
・長なわ

あそび方
1. 2本のなわを、（跳ぶ位置から見て）奥側10cm、手前側15cmくらいの高さ、15cmの幅で平行に張ります。
2. 手を胸の前で軽く曲げ、腰をかがめます。両ひざをつけ、つま先で2本のなわを跳び越えます。

苦手な子への配慮
うまく跳べない子には、なわを張らないで同じ動きを行ってもらいます。そして、前へジャンプすることに慣れたら、なわの代わりにつまずいても転ぶことはないゴムひもを使いましょう。

ポイント：両ひざをつけたままジャンプします。

言葉かけ：カンガルーさんになって高くジャンプしよう！

← 15cm
← 10cm
15cm

ポイント：かかとを上げてジャンプします。

4-5歳児 回転なわ跳び

長なわを跳ぶ　step 1 ▶ step 2 ▶ step 3

跳躍力　空間認知力　瞬発力

足もとになわが来たタイミングで、ジャンプします。子どもと息を合わせて行いましょう。

準備するもの
・短なわ

あそび方
1. なわを二つ折りにし、保育者が片手で持ちます。
2. 地面にすべらせるようになわを360°回転させ、子どもが跳び越えます。

苦手な子への配慮
最初はなわをゆっくりと低めに動かします。慣れてきたら子どもの状態に合わせて、回転するスピードを上げたり、回す位置を少し高くしたりしましょう。

言葉かけ：なわが回るよ！いち、に、ジャンプ！

注意：ぶつからないよう、広い所で一人ずつ行いましょう。

ポイント：目でしっかりなわをとらえ、両足をそろえてつま先でジャンプします。

4-5歳児 なわ通し

長なわを跳ぶ　step 1 ▶ step 2 ▶ step 3

跳躍力　空間認知力　瞬発力

目でしっかりなわを見ます。なわが足もとに来たら、みんなで息を合わせて跳びましょう。

準備するもの
・長なわ

あそび方
① 子どもは数人横に並びます。
② 保育者二人がなわを持ち、ゆっくり床にすべらせます。
③ 子どもたちが足元に来たなわを跳び越えます。

言葉かけ
なわが通るよ〜。
せーの、ジャンプ！

ポイント
目でしっかりなわをとらえます。

ポイント
両足をそろえてかかとを上げてジャンプします。

苦手な子への配慮
動いているなわを跳び越えるのがこわい子も。子どもがつまずかないよう、長なわを床にすべらせるようにして、速さを調節しましょう。

3　なわ跳び運動

4-5歳児 縦ヘビジャンプ

長なわを跳ぶ　step 1 ▶ step 2 ▶ step 3

跳躍力　空間認知力　瞬発力

動いているなわを跳び越えます。ゆれに高さがある分、ひざを深く曲げて高くジャンプするようにしましょう。

準備するもの
・長なわ

あそび方
① 保育者二人がなわを持ち、縦にゆらします。
② 子どもは手を胸の前で軽くにぎって腰をかがめ、つま先でジャンプしてなわを跳び越えます。

言葉かけ
ひざはしっかり曲げようね。

ポイント
腕を振ってジャンプに勢いをつけます。

ポイント
両ひざはくっつけます。

苦手な子への配慮
なかなか跳び越えられない子には、なわはゆらさず、ヘビのゆれが一番高い位置に一直線に張り、そこを跳んでもらいます。跳べるようになったら、縦にゆらしたヘビに挑戦しましょう。

4-5歳児 小波ジャンプ

長なわを跳ぶ　step 1 ▶ step 2 ▶ step 3

跳躍力　空間認知力　瞬発力

波のように行ったり来たりするなわを跳び越えます。なわの動きを目でしっかりとらえましょう。

準備するもの
・長なわ

あそび方
❶ 子どもは、なわと向かい合って立ちます。
❷ 保育者二人がなわを持ち、左右にゆらします。
❸ 子どもは、ゆらしたなわが足元に来たらジャンプします。最初は1回だけ跳び越えることを目標にしましょう。

言葉かけ
波が来たよ。はい、ジャンプ！

ポイント
ひざを曲げ、つま先でジャンプします。

苦手な子への配慮
後ろから来るなわを見やすくするため、持ち手（保育者）と向かい合うように体を向けます。ぐんと成功率が上がり、繰り返すうちに、なわの動きが予想できるようになります。

4-5歳児 大波ジャンプ

長なわを跳ぶ　step 1 ▶ step 2 ▶ step 3

跳躍力　空間認知力　瞬発力

大きく上下に動くなわを跳び越えます。子どもに、跳び越えるタイミングを伝えるのがコツです。1回だけ跳び越えることを目標にしましょう。

準備するもの
・長なわ

あそび方
❶ 子どもはなわと向かい合って立ちます。手を胸の前で軽くにぎって腰をかがめ、両ひざをそろえて構えます。
❷ 保育者二人がなわを持ち、大きくゆっくり回します。
❸ なわが足元に来たらジャンプします。

言葉かけ
いち、に、ジャンプ！

苦手な子への配慮
ジャンプをするタイミングがなかなかつかめない子には、保育者が、「いち、に、ジャンプ」と声をかけてタイミングをとりましょう。

ポイント
頭上から下まで、なわをずっと目で追います。

4-5歳児 大波連続ジャンプ

長なわを跳ぶ step 1 ▶ step 2 ▶ step 3

跳躍力　空間認知力　瞬発力

持ち手（保育者）と向かい合い、なわを跳びます。保育者は、子どもが回転するなわの動きをしっかりと目で追い、ジャンプできているかを確認しながら行いましょう。

準備するもの
・長なわ

あそび方
1. 子どもはなわの持ち手（保育者）と向かい合って立ちます。
2. 保育者二人でなわをゆっくり回します。
3. 子どもは、回って来たなわが足元に来たら、つま先でジャンプして跳び越えます。

3　なわ跳び運動

言葉かけ　なわが足のところにきたら、ジャンプするよ。よく見ていようね。

ポイント　両ひざはくっつけます。

大波、ジャーンプ!!

苦手な子への配慮
なわを左右にゆらし、足元に来たらつま先でジャンプします（P60「小波ジャンプ」参照）。4回跳べたら、次になわを一回転させます（P60「大波ジャンプ」参照）。1回跳べたら小波に戻るなど、ランダムになわの動きを変えてみましょう。

3-4歳児 カウボーイごっこ

短なわを跳ぶ　step 1 ▶ step 2 ▶ step 3

空間認知力　協応性

なわを一定の速度で回したり、回す力を加減したりすることを覚えます。はじめは片手で行い、なわをコントロールする感覚を覚えましょう。
なわは、長さによって二つ折り、または四つ折りにします。

準備するもの
・短なわ

あそび方
1. 半分に折ったなわを片手で持ちます。
2. 体の横で後ろから前へなわを大きく回して、地面にたたきつけます。

言葉かけ　カウボーイになろう。地面が馬の背中だよ。

ポイント　肩とひじを使ってなわを回します。

注意　なわの先が他の子どもの顔に当たると危険です。広い場所で行いましょう。

苦手な子への配慮
なわを回すのが難しい子には、なわを短く持つよう伝え、前後へ回す動きだけに挑戦してもらいましょう（なわが地面につかなくてOK）。

4-5歳児 プロペラジャンプ

短なわを跳ぶ　step 1 ▶ step 2 ▶ step 3

跳躍力　空間認知力　協応性

なわの回し方が覚えられる動きです。両手が下がったときにジャンプしましょう。リズミカルに行います。

準備するもの
・短なわ

あそび方
1. 2本のなわを適当な長さに折り、両手にそれぞれ持って、体の横で回します。
2. 両手が下がったタイミングで、ひざをそろえてその場でジャンプします。

言葉かけ　プロペラを上手に回してジャンプ！

ポイント　ひじや肩を使って腕全体で回します。

ポイント　つま先でジャンプをします。

注意　左右の手が同時に上→下になるようにしましょう。

苦手な子への配慮
1回のジャンプでなわを一回転する、1回のジャンプでなわを二回転するなど、ルールを決めると、やりやすいでしょう。

4-5歳児 なわ止めジャンプ

短なわを跳ぶ　step1 ▸ **step2** ▸ step3

跳躍力　空間認知力　協応性

この動きをマスターできると、短なわ跳びまであと一歩です。足元になわが来たらいったん止めて、目で確認してから跳び越えます。

準備するもの
・短なわ

あそび方
1. 両手でなわを持ち、なわが足の後ろに来るように構え、後ろから頭上へ大きくなわを回します。
2. そのまま前に回し、足元になわが来たらひざを曲げて、一度止めます。
3. 両足をそろえて止めたなわを跳び越えます。

3 なわ跳び運動

ポイント　腕を伸ばしながら前に回します。

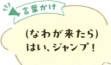

言葉かけ　(なわが来たら) はい、ジャンプ！

ポイント　なわの動きをしっかり見ます。

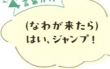

ポイント　両足のかかとを上げてつま先でジャンプします。

苦手な子への配慮　なわをしっかり目で見るように支援しましょう。

注意　幼児は手首の関節が未熟なため、手首では回さず、腕全体で回すようにします。

アレンジに挑戦
連続でなわ止めジャンプ
いったんなわを止めて跳べたら、その後、後ろから前へなわを移動させ、連続で跳んでみましょう。

なわの動きをじっと見るよ

4-5歳児 短なわジャンプ

短なわを跳ぶ step1 ▶ step2 ▶ step3

跳躍力　空間認知力　協応性

なわ跳びは、なわを回すリズムとジャンプのタイミングを合わせることで跳べるようになります。

準備するもの
・短なわ

あそび方
❶ 両手でなわを持ち、なわが足の後ろに来るようにして構えます。なわを後ろから頭上へ大きく回します。
❷ そのまま前に回し、足元までなわが来たら両足でジャンプして跳び越えます。

ポイント
肩や腕を中心に、なわを大きく回します。

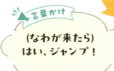
（なわが来たら）はい、ジャンプ！

苦手な子への配慮
うまく跳べない子は、P63「なわ止めジャンプ」で根気強く練習しましょう。

4-5歳児 連続短なわジャンプ

短なわを跳ぶ step1 ▶ step2 ▶ step3

跳躍力　空間認知力　協応性

上の「短なわジャンプ」ができるようになったらチャレンジを。しっかり目でなわを追うよう伝えましょう。

準備するもの
・短なわ

あそび方
❶ 両手でなわを持ち、なわが足の後ろに来るようにして構えます。なわを後ろから頭上へ大きく回します。
❷ そのまま前に回し、足元までなわが来たら、両足でジャンプして跳び越えます。これをリズミカルに連続で行います。

言葉かけ
（なわが来たら）はい、ジャンプ！続けて回すよ。

ポイント
つま先でジャンプします。

注意
幼児は手首の骨が発達していないので、手首だけを使って回すのではなく、肩や腕全体を大きく回すようにします。

苦手な子への配慮
連続して跳ぶのが難しい場合は、上の「短なわジャンプ」を繰り返し練習しましょう。

短なわを跳ぶ
step 1 ▶ step 2 ▶ step 3

4-5歳児　走りながらジャンプ

跳躍力　空間認知力　協応性

走りながらなわを跳び越えます。跳び越えるときは、片足でリズミカルに跳び越えるようにします。

準備するもの
・短なわ

あそび方
1. 両手でなわを持ち、なわが足の後ろに来るように構えて、走ります。
2. 走りながらなわを後ろから頭上へ大きく回して、足元に来たら跳び越えます。これを走りながら連続で行います。

3　なわ跳び運動

ポイント
肩や腕で大きく回します。

言葉かけ
風にのって走ってみよう！

どんどん速く回してみよう

注意
ぶつからないように広い場所で一人ひとり離れ、同じ方向に走るなどして行いましょう。

苦手な子への配慮
走りながら跳ぶのが難しい子は、回したなわが足元に来たら、その場で片足でまたぐ練習を。さらに回してなわが足元に来たら、反対の足でまたぎます。これを慣れるまでゆっくり繰り返します。

65

4 跳び箱運動

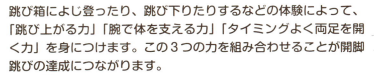

跳び箱によじ登ったり、跳び下りたりするなどの体験によって、「跳び上がる力」「腕で体を支える力」「タイミングよく両足を開く力」を身につけます。この3つの力を組み合わせることが開脚跳びの達成につながります。

ねらい

「障害物を突破できた」という達成感を味わいながら、「跳躍力」や「支持力」を養う。

おもに身につく力

 跳躍力　 支持力　バランス感覚

指導の注意点・ポイント

達成感が強い跳び箱は、馬跳び→跳び箱の順にチャレンジを

注意点
- 保育者は、子どもがバランスを崩したときに胸の前にすぐ手を添えられるように、跳び箱の横に立ちます。

ポイント
- 助走は跳び箱の2、3歩前から行います。
- 跳び箱の段の高さやふみ切るタイミング、手のつき方に子どもたちが慣れるよう、繰り返しましょう。
- 開脚跳びができるようになったら、繰り返し跳べるようにしましょう。

苦手な子への配慮

- 跳ぶときは、一段目にカニのイラストをイメージし、カニの目の部分に手を置くようにします。(P18)
- カニが出てくる絵本であらかじめイメージしてから行いましょう。

跳び箱運動の取り組み表

指導の流れ

跳び箱に慣れる → 68-71ページ

step 1	step 2	step 3
● お風呂ごっこ ● よじ登れるかな？	● 陣取り合戦 ● ジャンケンワニさん	● ジャンプで渡ろう ● 足振りジャンプ

跳び下り・跳び乗り → 71-73ページ

step 1	step 2	step 3
● よじ登りジャンプ	● フープ目がけて 　ジャンプ	● ジャンプで拍手 ● 両足ジャンプ越え

腕で体を支える → 73-74ページ

step 1	step 2	step 3
● ウシガエルジャンプ	● 高速！ 　ウシガエルジャンプ	

跳び越す → 74-77ページ

step 1	step 2	step 3
	● 子馬横跳び ● 跳び乗るカエルさん ● カエルさん、 　ちょっと休憩	● 開脚跳び

3-4歳児 お風呂ごっこ

跳び箱に慣れる step1

空間認知力 想像力 協調性

お風呂の時間を思い出しながら、跳び箱に親しみましょう。あそびを通して、跳び箱の大きさや重さを感じ、扱い方などを身につけていきましょう。

準備するもの
・跳び箱

あそび方
❶ 1番上の段を除いた2段の跳び箱を重ねて置きます。
❷ お風呂の湯船に見立て、またいで入ったり、湯船につかるまねをしたりします。

言葉かけ
おうちのお風呂を、想像してみよう。

苦手な子への配慮
体が小さい子が跳び箱のお風呂に入るときは、外側に座布団などを置き、中に入りやすくします。

3-4歳児 よじ登れるかな？

跳び箱に慣れる step1

支持力 高所感覚 脚力

跳び箱に親しむあそびです。好きな方法で自由によじ登る中で、跳び箱の大きさや重さ、扱い方などを身につけていきます。

準備するもの
・跳び箱
・マット

あそび方
4段の跳び箱を縦に置き、その上へ自由によじ登って下ります。

言葉かけ
後ろ向きで足から下りようね。

苦手な子への配慮
最初は2段など、跳び箱を低くして行いましょう。

3-4歳児 陣取り合戦

跳び箱に慣れる　step 1 ▶ **step 2** ▶ step 3

バランス感覚／支持力／協調性

跳び箱は子どもの足が届かない高さに設定します。足は使わずに、腕の力だけで前に進むよう促すことができます。

準備するもの
・跳び箱
・マット

あそび方
❶ 3段の跳び箱を縦に3つ並べ置きます。子どもは、端と端に分かれて跳び箱にまたいで座ります。
❷ 保育者のスタートの合図で、子どもたちは両端から腕を使って前に進みます。
❸ 出会ったところでジャンケンをします。勝った子は先へ進み、負けた子は下りてスタートからやり直します。先に相手の跳び箱の端に着いたほうが勝ちです。

4 跳び箱運動

言葉かけ
足は使わないよ。腕だけ使って進んでね！

😊 **苦手な子への配慮**
最初は1段など、跳び箱を低くして行いましょう。

4-5歳児 ジャンケンワニさん

跳び箱に慣れる　step 1 ▶ **step 2** ▶ step 3

バランス感覚／支持力

1段目からスタートし、慣れてきたら、跳び箱を2段にします。2段にすると腕により負荷がかかるので、無理せずあそびましょう。

準備するもの
・跳び箱

あそび方
❶ 子どもが二人で向かい合い、うつぶせになったときの足元の位置に保育者が跳び箱を1段ずつ横に置きます。
❷ うつぶせになり、手を胸の下について、ひじを伸ばします。足は跳び箱の上に乗せ、ひざを伸ばします。
❸ 保育者の合図で、床から片手を離し、ジャンケンをします。

😊 **苦手な子への配慮**
ジャンケンをするときに片方の腕で体を支えられない子は、保育者がサポートしましょう。

ポイント ひざは伸ばします。
ポイント ひじは伸ばします。

言葉かけ
ワニさんどうしでジャンケンするよ。「ジャンケンポン！」

4-5歳児 ジャンプで渡ろう

跳び箱に慣れる　step 1 ▶ step 2 ▶ step 3

バランス感覚／跳躍力／空間認知力

準備するもの
・跳び箱

あそび方
❶ 1番上の段を除いた1段の跳び箱を、一定の間隔をあけて1列に置きます。
❷ 右足を跳び箱の中、左足を跳び箱の外となるようにして、ゆっくり走って渡ります。

渡るときに跳び箱→床に着地→跳び箱となるように、子どもの歩幅に合わせて跳び箱の間隔をあけましょう。間に床の着地をはさむことで、ひと息つくことができます。

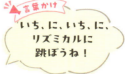

言葉かけ：いち、に、いち、に。リズミカルに跳ぼうね！

注意
歩幅が合わないと転んで危険です。間隔は子どもの歩幅に合わせましょう。

苦手な子への配慮
跳び箱の感覚を少し詰めたり、並べる数を減らしたりして、ゆっくり歩くことから始めましょう。

いち、に！いち、に！

アレンジに挑戦
連続ジャンプ

慣れてきたら、跳び箱から跳び箱へと連続でジャンプ。跳び箱を置く間隔は、子どもの様子を見て決めましょう。

4-5歳児 足振りジャンプ

跳び箱に慣れる　step 1 ▶ step 2 ▶ step 3

バランス感覚／支持力／協応性

腕だけで体を支えるため、腕の力が必要です。体が支える力がついてきたら、足を振ってみましょう。

準備するもの
・跳び箱
・マット

あそび方
❶ 4段の2つの跳び箱を離して縦に置きます。子どもがその間に立ちます。
❷ 両側の跳び箱にそれぞれ手をついて床から足を離し、足を前後に振り上げて、跳び下ります。

ポイント
腕はしっかり伸ばし、体重を支えましょう。

言葉かけ
下りるときにひざを曲げると転ばずに着地できるよ。

苦手な子への配慮
最初は足は振らず、浮くだけでよいことを伝えましょう。

3-4歳児 よじ登りジャンプ

跳び下り・跳び乗り　step 1 ▶ step 2 ▶ step 3

バランス感覚／跳躍力／空間認知力

保育者の手を借りず、手足は自由に使って、跳び箱に自力で登ります。跳び下り方も自由にして、楽しく行います。

準備するもの
・跳び箱
・マット

あそび方
❶ 3段の跳び箱を横に置き、子どもがその上に手をついてよじ登ります。
❷ 跳び箱の上に立ったら、跳び下ります。

苦手な子への配慮
最初は跳び箱1段から始めましょう。

注意
落下防止のため、保育者は必ず跳び箱のそばについて見守りましょう。

言葉かけ
自分で登ってみよう。こわかったら座って下りていいよ。

4　跳び箱運動

3-4歳児 フープ目がけてジャンプ

跳び下り・跳び乗り　step 2

バランス感覚／空間認知力／脚力

準備するもの
・跳び箱
・マット
・フープ

あそび方
1. 3段の跳び箱を横に置きます。着地をする目標にフープを置きます。
2. 自由に跳び箱に登ったら、フープの中を目がけて跳び下ります。

立ってジャンプするとき、跳び箱の高さは3歳児は30cm、4歳児は40cm、5歳児は60cmを目安にしてください。フープを置くことで目印ができるので、着地が安定します。

言葉かけ　フープの中にジャンプしてみよう。

苦手な子への配慮
最初はフープなしのP71「よじ登りジャンプ」からはじめ、十分に慣れたらフープを置きます。

ポイント　ひざを曲げて着地します。

3-4歳児 ジャンプで拍手

跳び下り・跳び乗り　step 3

バランス感覚／跳躍力／協応性

準備するもの
・跳び箱
・マット

あそび方
1. 3段の跳び箱を横に置き、子どもは自由に跳び箱に登ります。
2. 両足をそろえて、空中で1回拍手をして跳び下ります。

跳び箱を跳び下りるときに、拍手をします。子どもが拍手に気をとられて、着地がおろそかにならないよう、見守りましょう。

言葉かけ　着地する前に拍手！できるかな？

苦手な子への配慮
最初は跳び箱1段から始めましょう。

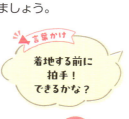

ポイント　両足をそろえ、ひざは曲げて着地します。

4 跳び箱運動

4-5歳児 両足ジャンプ越え

跳び下り・跳び乗り
step 1 ▶ step 2 ▶ step 3

跳躍力　空間認知力　脚力

勢いをつけてジャンプし、跳び箱を跳び越えます。腕を振り、ひざを使って行いましょう。

準備するもの
・跳び箱
・マット

あそび方
1. マットの上に1段の跳び箱を横に置きます。両足をそろえて跳び箱の前に立ちます。
2. ひざを曲げて腕を振り上げてジャンプし、跳び箱を跳び越えます。
3. 両足をそろえて着地します。

苦手な子への配慮
跳び越えるのが難しい子は、跳び箱を越えず、ジャンプしていったん跳び箱の上に着地します。跳び乗れたら、立ち上がってからジャンプで下りましょう。

ポイント：腕を振り上げ、勢いをつけてジャンプします。

4-5歳児 ウシガエルジャンプ

腕で体を支える
step 1 ▶ step 2 ▶ step 3

バランス感覚　支持力　協応性

跳び箱に手をついた後の、足を運ぶ動きが身につくあそびです。手よりも前の位置に足を着地するようにしましょう。

準備するもの
・ビニールテープ

あそび方
1. 20cmくらいの間隔でビニールテープを平行に2本貼ります。両手足をテープの内側に置きます。
2. 手をついたまま床をけって腰を高く上げ、すぐに足を開きます。
3. 両手の外側、かつ手よりも前の位置で着地します。

言葉かけ：手は線の中だよ。足は線の外に着地するよ。

苦手な子への配慮
慣れるまでは、着地の足の位置は、手より前につかなくてもOKとしましょう。

ポイント：ひじを伸ばして、体を支えます。
ポイント：テープの外側で着地します。

4-5歳児 高速！ウシガエルジャンプ

腕で体を支える step1 ▶ step2 ▶ step3

支持力　協応性　瞬発力

跳び箱に手をついた後の足を運ぶ動きが身につくため、上半身と下半身のバランスがとれるようになります。また、スピードを速めることで体重移動がスムーズになります。

😊 苦手な子への配慮
慣れるまでは、スピードはあまり気にせず、連続することに重きをおきましょう。

準備するもの
・ビニールテープ

あそび方
❶ 20cmくらいの間隔でビニールテープを平行に2本貼ります。両手足はテープの内側に置きます。
❷ 手をついたまま床をけって腰を高く上げ、すぐに足を開きます。両手の外側、かつ手よりも前の位置で着地します。これをなるべく早く繰り返します。

言葉かけ：このウシガエルさんは、すごい速さで跳ねるよ。

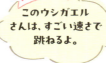

ポイント 両手はテープの内側に置きます。
ポイント 足を思い切りけり上げます。
ポイント 腰を落として着地すればふらつきません。

4-5歳児 子馬横跳び

跳び越す step1 ▶ step2 ▶ step3

支持力　跳躍力　協応性

背中の真ん中に手をつくときは、指をしっかり広げます。ひじは伸ばしながら、手をついたまま跳ぶ感覚をつかみます。手は着地するまで離しません。

言葉かけ：背中をぐんと押すと、跳び越えられるよ。

😊 苦手な子への配慮
小柄な保育者が馬になると、跳び越える高さが多少低くなり、子どもは跳び越えやすくなります。

準備するもの
・マット

あそび方
❶ 保育者はマットの上に正座をして腕を曲げてうずくまります。
❷ 子どもは保育者の横に立ち、背中に両手をついてジャンプします。背中をぐんと押して腰と足を持ち上げ、反対側に跳びます。

ポイント 指を開き、保育者の背中の真ん中に手をつきます。

ポイント 着地時はひざは伸ばし、両足をそろえます。

4-5歳児 跳び乗るカエルさん

跳び越す step1 **step2** step3

支持力　跳躍力　空間認知力

ジャンプするときや、跳び箱の上に着地をするときは、ひざを曲げることが大切。床の上でP73「ウシガエルジャンプ」を振り返ってから行っても。

準備するもの
・跳び箱
・マット

あそび方
❶ 3段の跳び箱を横に置き、その前に立ちます。つま先でジャンプをします。
❷ 跳び箱の奥のほうに両手をついて腰を高く上げ、すぐに足を開きます。
❸ 手をついたまま、ひざを曲げて腰を落とし、跳び箱に乗ります。

4 跳び箱運動

ポイント 両ひじは伸ばして、体を支えます。

言葉かけ：両手はそろえてつこうね！

ポイント 両手は左右の親指が接するように、そろえてつきます。

ポイント 着地のときは手より外側に足がくるようにします。

カエルさん、成功！

苦手な子への配慮
手をつく位置や着地するときの足の位置にテープなどで印をつけておきます。最初は跳ばずに、またぐようにして乗るとよいでしょう。

注意
勢いがつきすぎてバランスを崩すと危険です。保育者は跳び箱の斜め前に立ち、受け止められるようにします。

4-5歳児 カエルさん、ちょっと休憩

跳び越す step 2

支持力　空間認知力　脚力

準備するもの
・跳び箱
・マット

あそび方
1. 3段の跳び箱を横に置き、その前に立ちます。両ひざを少し曲げて、つま先でジャンプをします。
2. 跳び箱の奥のほうに手をついて、腰を高く上げ、すぐに足を開きます。
3. お尻を跳び箱の奥について腰かけます。

跳び箱を跳び越えずに、お尻を乗せて腰かけます。P77「開脚跳び」の前に行うことで、恐怖心や苦手意識を取り除くことができるでしょう。

ポイント　奥に手をつきます。

言葉かけ　跳び箱にお尻から着地！

ポイント　両手は腰かけるまで離さないようにします。

苦手な子への配慮
こわがる子には、「手をついたら、座ればいいんだよ」と伝えましょう。座るつもりが、跳び箱の向こう側に下りてしまったらしめたものです。

注意
子どもがバランスを崩したら、胸に手を当てて支えられるように、保育者は跳び箱の斜め前に立ちます。

ちょっとひと休みしよう

4-5歳児 開脚跳び

跳び越す step 1 ▶ step 2 ▶ step 3

支持力　跳躍力　協応性

準備するもの
・跳び箱
・マット

あそび方
1. 3段の跳び箱を横に置き、その前に立ちます。両ひざを曲げて、つま先でジャンプをします。
2. 跳び箱の奥のほうに手をついて、腰を高く上げ、すぐに足を大きく開きます。
3. 跳び越したら着地するぎりぎりまで手を離さないようにして、両ひざを曲げて着地します。

跳び箱の奥に手をついたときに、ひじをしっかり伸ばします。P75「跳び乗るカエルさん」ができるようになったら挑戦しましょう。

4 跳び箱運動

ポイント 手をついたときに、足を大きく開きます。

ポイント 手をついたら、引っかくように後ろに強く押します。

ポイント 着地のときは、両ひざは曲げます。

言葉かけ　顔をうんと前に出すよ！

苦手な子への配慮
こわがる子は、P76「カエルさん、ちょっと休憩」に戻り、繰り返し行いましょう。

注意
保育者は跳び箱の斜め前に立ち、子どもがバランスを崩したら胸に手を当てて支えられるようにしましょう。

それっ！

5 鉄棒運動

普段の生活ではあまり経験することのない「高さ」や「逆さ」の感覚に加え、さまざまな力が必要になります。苦手意識が芽生える前に鉄棒にふれましょう。上半身をたっぷり使うため、胸郭※が発達し、動ける体を育てます。

※おへその上から胸をとりまく部分

ねらい

幼児期に鉄棒にふれることで、自分の体をコントロールし、空間で自由に動ける力を身につける。

おもに身につく力

懸垂力

回転感覚

支持力

逆さ感覚

指導の注意点・ポイント
落下に注意しつつ、いろいろな鉄棒プランに挑戦を

注意点
- できれば高さが調節できる鉄棒にして、下にマットを敷いて行いましょう。
- 低い鉄棒でも、頭から落下したり、あごのケガにつながったりする恐れがあるので、保育者がそばにつき、子どもの恐怖心を取り除きながら補助します。

ポイント
- 鉄棒は子どもの胸の位置くらいの高さに設置します。
- 鉄棒の基本のにぎり方は「順手」「サル手」があります。子どもがやりやすい持ち方でかまいません。

苦手な子への配慮

- 下にタイヤなどを置いて足をつけて休めるようにし、少しずつぶら下がる時間を延ばしましょう。
- 逆さになるのが苦手な子は、保育者が腰を支えるなどし、少しずつ慣らしましょう。

鉄棒運動の取り組み表

指導の流れ

ぶら下がる ➡ 80-82ページ

step 1	step 2	step 3
● おサルさんのぶら下がり	● ブラブラ足で拍手 ● ボール運び	● カニさんのぶら下がり ● リンゴぶら下がり

跳び上がる ➡ 82-84ページ

step 1	step 2	step 3
● 跳び上がろう	● スズメさん	● 跳び乗り カニさん歩き

逆さになる ➡ 84-88ページ

step 1	step 2	step 3
● レスキュー隊	● ナマケモノさん ● おサルさんのジャンケン	● コウモリさん ● 後ろ回り下り ● 地球一回転

回る ➡ 89-91ページ

step 1	step 2	step 3
● 前回り下り	● 忍者の前回り下り	● 片足振り ● 逆上がり

79

3-4歳児 おサルさんのぶら下がり

ぶら下がる **step 1** ▶ step 2 ▶ step 3

懸垂力　想像力

ひじを曲げる、どのくらいぶら下がっていられるか友だちと競争するなど、工夫ができる運動です。

準備するもの
・鉄棒

あそび方
鉄棒をにぎって、ひざを曲げてぶら下がります。

ポイント
順手(サル手でもOK)でにぎります。

ポイント
腕はしっかり伸ばします。

言葉かけ
おサルさんになりきって、ぶら下がろう。

苦手な子への配慮
慣れるまでは保育者が腰を支えましょう。

3-4歳児 ブラブラ足で拍手

ぶら下がる step 1 ▶ **step 2** ▶ step 3

バランス感覚　懸垂力　握力

わきを締め、ひじを伸ばしたままで行うことが大切です。

準備するもの
・鉄棒

あそび方
❶ 鉄棒をにぎり、少し後ろに下がって構えます。足を大きく一歩踏み出して勢いをつけます。
❷ 足を振り上げたとき、両足の裏を打ち合わせます。

言葉かけ
思い切り勢いをつけてやってみよう。

ポイント
順手(サル手でもOK)でにぎります。

ポイント
ひじは終始伸ばします。

苦手な子への配慮
「しっかり鉄棒をにぎって離さないよ」と伝え、保育者は子どもの横に立ちましょう。

3-4歳児 ボール運び

ぶら下がる step 2

懸垂力 / 空間認知力 / 協応性

ボールを足にはさんで運びます。サイズはテニスボールくらいのものがはさみやすいです。

準備するもの
・鉄棒
・フープ
・ボール（数個）

あそび方
1. 地面に小さなフープを2つ並べます。ボールは片側のフープに入れておきます。
2. フープの真上にぶら下がり、ボールを足ではさんでもう一方のフープに移します。

ポイント　順手（サル手でもOK）でにぎります。

言葉かけ　ボールをうまく足にはさんで移せるかな？

苦手な子への配慮　柔らかいボールにすると、よりはさみやすくなります。

3-4歳児 カニさんのぶら下がり

ぶら下がる step 3

バランス感覚 / 懸垂力

交互に手を動かすため、片手で体を支える瞬間があります。落ちないように注意しましょう。

準備するもの
・鉄棒

あそび方
1. 鉄棒の端に並行して立ち、ぶら下がります。
2. 左手を動かしたら次は右手…とカニさん歩きの要領で、交互に手を横に動かします。反対の端まで進みます。

言葉かけ　カニさんになって鉄棒を渡ろう。

ポイント　体は同じ方向を向けたまま、手だけを横にスライドさせます。

苦手な子への配慮　中間地点にタイヤなどを置いて、長くぶら下がっていられない子が足を置ける休憩地点にします。

5　鉄棒運動

3-4歳児　リンゴぶら下がり

ぶら下がる　step 1 ▶ step 2 ▶ step 3

懸垂力　空間認知力　瞬発力

ひじをしっかり曲げ、リンゴが木にぶら下がっているように体を丸めるあそびです。ひじをしっかり曲げることで腕の力が身につきます。

準備するもの
・鉄棒

あそび方
① 鉄棒を逆手でにぎります。
② ひじを曲げてぶら下がって、体を丸めます。

ポイント　お腹に力を入れて丸めます。
ポイント　ひざをぴったりつけます。

言葉かけ　リンゴは長くぶら下がっていると、真っ赤なおいしいリンゴになるよ。

苦手な子への配慮　あごを鉄棒の上に軽く乗せると、やりやすくなります。手を離さないように言葉をかけましょう。

4-5歳児　跳び上がろう

跳び上がる　step 1 ▶ step 2 ▶ step 3

支持力　瞬発力

鉄棒は子どもの胸のあたりの高さのもので行うようにします。

準備するもの
・鉄棒

あそび方
① 鉄棒をにぎってひざを曲げ、つま先で跳び上がります。
② 鉄棒に下腹部を乗せて腕を伸ばし、体を支えます。

ポイント　鉄棒は胸の高さのもので。

言葉かけ　落ちないように、しっかり鉄棒をにぎっていてね。

注意　バランスを崩すと危険です。保育者はすぐに抱きとめられる位置で見守ります。

ポイント　ひじをしっかり伸ばします。

苦手な子への配慮　こわがる子には無理強いをせず、すぐに手を差し伸べて降ろしましょう。

82

跳び上がる
step 1 ▶ **step 2** ▶ step 3

4-5歳児 スズメさん

バランス感覚　支持力　高所感覚

準備するもの
・鉄棒

あそび方
① 鉄棒は順手でにぎってひざを曲げ、つま先で跳び上がります。
② 下腹部を鉄棒の上に乗せ、足をピンと伸ばし、背中を反らして止まります。

5　鉄棒運動

体を反らすことでバランス感覚も身につきます。あご、ひじ、足の３つを意識して行いましょう。

ポイント
順手でにぎります。

言葉かけ
スズメさん、顔を上げて空を見てね。

ポイント
あごを上げます。

ポイント
ひじをしっかり伸ばします。

ポイント
なるべく両足のつま先をそろえます。

苦手な子への配慮
鉄棒の上でグラグラ不安定な子は、正しい姿勢のまま保育者が体を支え、感覚を覚えるようにしましょう。

注意
下を向いたり、ひじを曲げたりするとバランスを崩すので、保育者はすぐに抱きとめられる位置で見守ります。

チュンチュン、スズメさん

アレンジに挑戦
空中自転車こぎ

下腹部を鉄棒に乗せたら、自転車をこぐように足を回転させます。

83

4-5歳児 跳び乗りカニさん歩き

跳び上がる　step 1 ▶ step 2 ▶ step 3

バランス感覚　支持力　跳躍力

手をスライドさせ端まで進みます。腕の動きに合わせて足も左右に動かすと、反動で腕を動かしやすくなります。

準備するもの
・鉄棒

あそび方
❶ 鉄棒は順手でにぎってひざを曲げ、つま先で跳び上がります。
❷ 下腹部を鉄棒に乗せ、腕を左右に動かして横に移動します。

ポイント　腕はしっかり伸ばします。

ポイント　順手でにぎります。

言葉かけ　腕はしっかり伸ばしておこうね。

苦手な子への配慮
慣れるまでは保育者が腰を支えましょう。

3-4歳児 レスキュー隊

逆さになる　step 1 ▶ step 2 ▶ step 3

バランス感覚　懸垂力　協応性

足を動かさず、腕の力だけで前進します。腕力と逆さでのバランス感覚が養えるあそびです。

準備するもの
・なわ

あそび方
❶ 地面から30cmの高さになわを張り、なわの下にあお向けになります。
❷ 両手でなわをにぎり、両手を交互に動かして頭上に進みます。

ポイント　なわの太さは、子どもがにぎりやすいものを。

ポイント　足は伸ばしたまま地面を引きずります。

言葉かけ　レスキュー隊になって腕の力で進もう。

苦手な子への配慮
足が動いてしまう子は、足に座布団などをはさみ、落とさないように進みます。

3-4歳児 ナマケモノさん

逆さになる step 2

懸垂力　逆さ感覚　協応性

鉄棒にぶら下がって地面を見ることで、逆さの感覚を体感するあそびです。

準備するもの
・鉄棒

あそび方
1. 支柱に体を向けて鉄棒をにぎり、支柱に足をついて登ります。
2. 鉄棒に片足ずつひざの裏をかけ、ぶら下がります。
3. 腕を伸ばして顔を地面に向けます。

5 鉄棒運動

ポイント 順手でにぎります。

ポイント 片足を伸ばして鉄棒にひざの裏をかけます。

言葉かけ 地面を見てみよう。虫さん、歩いてるかな?

ポイント 腕をしっかり伸ばします。

苦手な子への配慮
逆さの感覚をこわがる子には、保育者が背中を支えるなどして補助に入ります。

ぐ〜んと、地面を見るよ

アレンジに挑戦
ナマケモノさんブラブラ

「ナマケモノさん」に慣れたら、左右に体をゆらします。保育者が支えながらゆらしても。

4-5歳児 おサルさんのジャンケン

逆さになる step 2

懸垂力 逆さ感覚 協応性

P85の「ナマケモノさん」の応用編です。顔を地面に向けて逆さの感覚に慣れましょう。

準備するもの
・鉄棒

あそび方
1. 二人がそれぞれ反対側の支柱に体を向けて鉄棒をにぎり、支柱に足をついて登ります。
2. 鉄棒に片足ずつひざの裏をかけて、ぶら下がります。
3. 互いに顔を向かい合わせ、片手を離してジャンケンします。

苦手な子への配慮
逆さ感覚に恐怖心がある子は、保育者が背中を支えながら、ジャンケンをします。友だちの顔を見ることが、恐怖心を取り除くきっかけにもなります。

言葉かけ: 先生のかけ声に合わせるよ。「せーの、ジャンケン…ポン!」

ポイント: 体を支える腕はしっかり伸ばします。

4-5歳児 コウモリさん

逆さになる step 3

懸垂力 空間認知力 逆さ感覚

両足を鉄棒にかけてコウモリのように逆さにぶら下がります。あごを上げて地面を見るようにすると、背筋と腕が伸びてバランスがとりやすくなります。

準備するもの
・鉄棒

あそび方
1. 鉄棒を両手でにぎり、腕の間から片足ずつ通します。
2. 両ひざの裏を鉄棒にかけ、逆さにぶら下がります。

苦手な子への配慮
逆さ感覚に恐怖心がある子は、手を離すと危険なので、保育者が子どもの背中に手を当て、様子を見ながら補助をしましょう。

ポイント: 順手でにぎります。

言葉かけ: コウモリさんが木にとまるときは?そう、逆さだね。

ポイント: あごを上げて地面を見るようにします。

4-5歳児 後ろ回り下り

逆さになる step 1 ▶ step 2 ▶ **step 3**

懸垂力　回転感覚　逆さ感覚

両足を鉄棒にかけて逆さにぶら下がります。おもに逆さ感覚を養います。

準備するもの
・鉄棒

あそび方
❶ 鉄棒を両手でにぎり、P86「コウモリさん」の要領で腕の間から足を通し、ひざの裏を鉄棒にかけます。
❷ 片足ずつ鉄棒から離し、両足を抜いて体の前に持っていきます。
❸ 地面を見ながら足を下ろします。

5 鉄棒運動

ポイント　最後まで鉄棒はにぎったままで。

ポイント　あごを上げ、地面を見ながら足を離します。

言葉かけ　最後まで鉄棒から手を離さないようにね。

注意　頭から落下する恐れがあるので、最後まで手を離さないように見守ります。

苦手な子への配慮　逆さ感覚に恐怖心がある子は、手を離すと危険なので、保育者が様子を見ながら補助をしましょう。

よし、回るよ

アレンジに挑戦
逆後ろ回り

「後ろ回り」ができたら、同じあそびを今度は逆に❸→❷→❶の順で行ってみましょう。

4-5歳児 地球一回転

逆さになる　step 1 ▶ step 2 ▶ **step 3**

懸垂力　逆さ感覚　回転感覚

P86「コウモリさん」の体勢から、手を交差させて体を一回転させるあそびです。

準備するもの
・鉄棒

あそび方
1. 鉄棒を両手でにぎり、腕の間から足を通して、ひざの裏を鉄棒にかけます。
2. 両足をそのまま少し開き、片手ずつ足の間に入れて交差させます。
3. 両足を鉄棒から離してひざを伸ばし、体を回転させます。
4. 半回転すると体が後ろ向きになります。再び手を交差させると元の向きに戻ります。

注意
頭から落下する恐れがあるので、最後まで手を離さないように見守ります。

ポイント 順手で行います。
ポイント 顔は地面を見るようにします。

苦手な子への配慮
片手ずつ手を交差させるときに、保育者が様子を見ながら腰を支えるなど補助をしましょう。

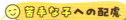

言葉かけ
手を交差させたらひざを離してごらん。自然に体が回転するよ。

ぐるっと、一回転～！

アレンジに挑戦
地球逆回転

一定の方向に回転するのに慣れたら、今度は左右の手を逆に交差させましょう。反対回りになります。

4-5歳児 前回り下り

回る step 1 → step 2 → step 3

懸垂力　回転感覚　協応性

P82の「跳び上がろう」の要領で鉄棒に跳び上がったら前に回ります。

準備するもの
・鉄棒

あそび方
① 両手で鉄棒をにぎり、ひざを曲げてつま先で跳び上がり、下腹部を鉄棒の上に乗せます。
② あごをひいて、上半身を前に倒します。頭が下がったらひじを曲げて、前に回ります。
③ 静かに足を地面に下ろします。

5 鉄棒運動

ポイント　おへそを見るように前に回ります。

言葉かけ　おへそを見ながら前に回ってみよう。

ポイント　お腹を鉄棒に引きつけたまま回ります。

ポイント　ひじを曲げて静かに着地します。

苦手な子への配慮
前に回ることをこわがる子には、保育者が対面して開脚姿勢で座り、回ってくる子どもの後頭部→背中→腰へと手を添えてゆっくり回転すると、恐怖心を取り除けます。

注意　頭から落下する恐れがあるので、最後まで手を離さないように見守ります。

おへそをしっかり見るよ

4-5歳児 忍者の前回り下り

回る step1 ▶ step2 ▶ step3

バランス感覚　懸垂力　空間認知力

P89の「前回り下り」を忍者になりきって静かに行います。そっと回り、そっと着地をします。

準備するもの
・鉄棒

あそび方
1. 両手で鉄棒をにぎって跳び上がり、下腹部を鉄棒の上に乗せます。
2. あごをひいて、上半身を前に倒します。頭が下がったらひじを曲げて、前に回ります。
3. 地面に足をつける直前、三つ数えてから静かに足を下ろします。

ポイント
順手でにぎります。

言葉かけ
足音を立てないようにしないと、敵に見つかっちゃうよ。

苦手な子への配慮
「そっと」ができなくてもOKとしましょう。落下しないよう、保育者は着地するまで見守って。

ポイント
お腹を鉄棒に引きつけます。

4-5歳児 片足振り

回る step1 ▶ step2 ▶ step3

懸垂力　逆さ感覚　回転感覚

P86の「コウモリさん」の要領で、片足だけ鉄棒から抜いて体をゆらします。鉄棒から抜いた足はピンと伸ばします。伸ばすことで、体を前後に振ったときに反動がつきます。

準備するもの
・鉄棒

あそび方
1. 鉄棒を両手でにぎり、腕の間から片足ずつ通します。両ひざの裏を鉄棒にかけ、ぶら下がります。
2. 片足だけを抜き、まっすぐに伸ばします。伸ばした足をゆらしてその反動で体を前後に振ります。

ポイント
順手でにぎります。

言葉かけ
片足だけ抜いて体をユラユラゆらしてね。

苦手な子への配慮
逆さ感覚に恐怖心がある子は、手を離すと危険なので、保育者が様子を見ながら補助します。

ポイント
ひざをしっかり伸ばします。

回る step 3

4-5歳児 逆上がり

バランス感覚 / 懸垂力 / 回転感覚

子どもたちにとって逆上がりができることは、他の運動への自信にもなります。子どもたち一人ひとりの段階を把握して挑戦しましょう。

準備するもの
・鉄棒

あそび方
❶ 鉄棒を逆手でにぎり、利き足は後ろに、もう片方の足を鉄棒よりも前に出して構えます。
❷ ひじを曲げたタイミングで、利き足で地面を思い切りけり、両足を振り上げます。腕に力を入れ鉄棒をお腹に引きつけるようにします。
❸ ひじを曲げたまま、体から鉄棒が離れないように腰を高く持ち上げ、足を向こう側に下ろします。
❹ 体が回転したら上半身を起こし、着地します。

5 鉄棒運動

ポイント 最初は逆手で。

ポイント ひじを曲げます。

ポイント 前にふみ出した足を、頭上までけり上げるようにすると、腰が高く上がります。

ポイント お腹に力を入れて鉄棒に引きつけて回ります。

言葉かけ
ひじは曲げたままで最後まで回ってね。

苦手な子への配慮
回転するのをこわがる子や、懸垂力が未熟な子が行うことは危険です。無理強いはせずP82「リンゴぶら下がり」や、P86「コウモリさん」などがしっかりできるようになってから挑戦を。足をけり上げるときに、保育者が子どもの腰を支えましょう。

注意
足を思い切りふみ出すので、ぶつからないように周りの子たちとの距離を十分にとりましょう。

よし、できた！

91

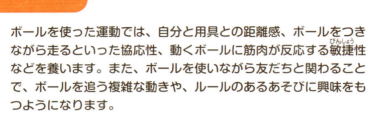

6 ボール運動

ボールを使った運動では、自分と用具との距離感、ボールをつきながら走るといった協応性、動くボールに筋肉が反応する敏捷性などを養います。また、ボールを使いながら友だちと関わることで、ボールを追う複雑な動きや、ルールのあるあそびに興味をもつようになります。

ねらい

ボールを使って「持つ」「運ぶ」「転がす」「投げる」などの動作をすることで、用具を思いどおりにコントロールする力を身につける。

おもに身につく力

空間認知力　協応性　瞬発力

指導の注意点・ポイント

ボールの扱い方や、友だちとの関わりを援助

注意点
- ボールはなるべく、直径 15～20cm のものを使用します。ゴム製がおすすめです。
- 片手で勢いをつけてボールを投げないよう、注視します。

ポイント
- 相手に確実に届くようになるまでは、両手でまっすぐに「転がす」「投げる」ことを繰り返します。
- 一人で行う運動では、バウンドさせるときの力の入れ加減、投げ方など、ボールコントロールができているかを見ます。
- 二人以上で行う運動では、相手の様子を見ながらボールを「投げる」「受ける」の動作ができているかを見ます。

苦手な子への配慮

- ボールの扱いに慣れるよう、たくさん触るようにします。
- 投げたりけったりしたボールを受けることが難しい子は、転がったボールを受ける動作を繰り返しましょう。

ボール運動の取り組み表

指導の流れ

ボールに慣れる 　→94-95ページ

step 1	step 2	step 3
●回して！回して！	●ぐるぐる回し	

投げる・ける 　→95-97ページ

step 1	step 2	step 3
●対面ボール転がし ●的当てあそび	●キックトンネル	●コロコロリレー

バウンドしてとる 　→98-99ページ

step 1	step 2	step 3
●小さくバウンドキャッチ	●大きくバウンドキャッチ ●二人でバウンドパス	●歩いてドリブル

受ける 　→100-101ページ

step 1	step 2	step 3
●投げ上げキャッチ	●くるりんキャッチ	●円のドッジボール

3-4歳児 回して！回して！

ボールに慣れる step1 → step2 → step3

協応性 協調性 リズム感覚

まずはボールに慣れるためのあそびから。両手でしっかりボールをつかみ、隣の人に回します。

準備するもの
・ボール

あそび方
1. みんなで輪になり、隣の人に素早くボールを手渡します。
2. ボールは一定方向に渡します。落としたら、次の人から始めます。

ポイント
手首だけでボールを渡していくのではなく、腕全体を使います。

言葉かけ
お隣へ、ハイ！
お隣へ、ハイ！

苦手な子への配慮
最初はゆっくり行います。保育者が手渡す側に入って、テンポを調整するとよいでしょう。

ハイッ！受け取ってね

アレンジに挑戦
保育者の合図で反対回し

「回して！ 回して！」のかけ声で一定方向にボールを回します。保育者がピッと笛を鳴らしたら、反対方向に回します。これを繰り返します。

3-4歳児 ぐるぐる回し

ボールに慣れる　step 2

空間認知力　協応力　柔軟性

足からボールを離さずに、ひざ下で回すあそびです。

言葉かけ
体の周りと足の間に、ボールをぐるぐる回すよ。

苦手な子への配慮
まずは、腰からボールを離さず、ぐるぐる回すことを繰り返します。慣れてきたら足に挑戦しましょう。

準備するもの
・ボール

あそび方
❶ ボールを持って立ち、腰の周りでボールをぐるぐる回します。
❷ 足を開き、片足ずつひざ下の周りで八の字を描くようにボールを回します。慣れてきたら、反対の足でも回します。

ポイント
腰をかがめ、ひざを軽く曲げて回します。

6　ボール運動

3-4歳児 対面ボール転がし

投げる・ける　step 1

空間認知力　協応性　協調性

二人で向かい合って立ちます。相手の体の正面にボールを転がしましょう。

準備するもの
・ボール

あそび方
❶ 2本の線を間隔をあけて平行に引きます。
❷ 子どもは向かい合って線の上に立ちます。
❸ ボールを手で転がし合います。

ポイント
友だちの正面に立つようにします。

ポイント
転がす手は片手でも両手でもOK。

苦手な子への配慮
はじめは、2本の線の間隔を狭くして、慣れてきたら広くしましょう。

言葉かけ
せーの、コロコロ〜。

投げる・ける
step 1 ▶ step 2 ▶ step 3

3-4歳児 的当てあそび

空間認知力　協応性

準備するもの
・ボール
・的（絵を描いた紙など）

あそび方
① 壁に絵を描いた的を貼ります。
② 的に向かって、ボールを自由に投げます。

的に向かってボールを当てるあそびです。年齢に応じて、的の大きさや高さを調整します。

言葉かけ
「せーの！」でボールを投げるよ。

エイッ！

ポイント
ボールを投げるときは、片足を一歩前に踏み出します。

苦手な子への配慮
投げる位置を近くに設定します。慣れてきたらだんだん離していきましょう。

投げる・ける
step 1 ▶ step 2 ▶ step 3

4-5歳児 キックトンネル

空間認知力　協応性　瞬発力

準備するもの
・ボール

あそび方
① 子どもは2本の線にそれぞれ立って向かい合い、両足を広げます。
② 相手の足の間に向かって、ボールをけります。お互いの足に通るまで繰り返します。

地面にボールを置いて、勢いをつけてけるあそびです。子どもが立つ位置に線を引くとやりやすいでしょう。

言葉かけ
前をまっすぐ見て、足をしっかり振ろう！

ポイント
けるほうの足をぐっと引いてから、けります。

苦手な子への配慮
うまくけることができない子は、最初は手で転がしてみましょう。

4-5歳児 コロコロリレー

投げる・ける step1 ○ step2 ○ step3

空間認知力　協調性　瞬発力

自分の足の速さを考えて、転がすボールの速さを調整することを体で覚えます。

準備するもの
・ボール

あそび方
❶ 2チームに分かれ、2本の線に立ちます。
❷ スタートしたら、ボールを手で転がしながら走ります。
❸ 反対側に着いたら、ボールを手で持って次の子に渡します。全員が行うまで繰り返します。

6 ＋ ボール運動 ＋

ポイント
ボールを転がすときは、ひじをまっすぐ伸ばします。

ポイント
反対側で待つ子には、手でボールを持って渡します。

ポイント
ボールがコースから外れてしまったら、その場所から転がし直します。

言葉かけ
転がしたボールを追いかけよう。

がんばって

苦手な子への配慮
「転がしながら走る」という動作を、二つの動作に分けましょう。まずはまっすぐボールを転がし、それからボールを追いかけるようにします。

注意
競争する場合、隣のチームの子とぶつからないよう、十分な広さをあけましょう。

まっすぐ転がすよ

アレンジに挑戦

ドリブルリレー

ボールをキックしながら反対側まで走ります。反対側に着いたら次の子にボールを手で渡します。全員が終わるまで行います。

3-4歳児 小さくバウンドキャッチ

バウンドしてとる step1

空間認知力 / 協応性 / リズム感覚

ついたボールを目で追いながら、両手でキャッチします。手だけでなく、ひざや腰を柔らかく使う姿勢を見せましょう。

言葉かけ
トン・キャッチ、トン・キャッチだよ。

苦手な子への配慮
ボールをつく位置が安定せず、ボールが思ったところでバウンドしない子には、足元に印をつけ、そこにボールをつくようにします。

準備するもの
・ボール

あそび方
❶ 地面に向かって両手でボールをつきます。バウンドしたボールを両手でキャッチします。
❷ できるようになったら、片手で❶を行います。連続して行いましょう。

ポイント
ボールは自分の足元にバウンドさせます。

3-4歳児 大きくバウンドキャッチ

バウンドしてとる step2

空間認知力 / 協応性 / 瞬発力

大きく弾むボールの動きを楽しむあそびです。上がったボールから体が離れすぎないよう、ボールは足元に向かってまっすぐバウンドさせます。

言葉かけ
「せーの！」で思い切りボールをたたきつけて。

苦手な子への配慮
ボールをつく位置が安定せず思ったところにボールが上がらない子には、足元に印をつけてもよいでしょう。

準備するもの
・ボール

あそび方
ボールを両手でついて大きくバウンドさせます。落ちて来るボールをその場でキャッチします。

ポイント
高く上がったボールから、目を離さないようにします。

4-5歳児 二人でバウンドパス

バウンドしてとる　step 1 ▶ **step 2** ▶ step 3

空間認知力／協応性／瞬発力

高くはずむよう、力を入れて投げましょう。受ける人は、落ちて来たボールを胸の位置でキャッチします。

言葉かけ
真ん中をねらって、ポーンと投げるよ。

苦手な子への配慮
頭の上から両手でボールを投げ下ろすよう、保育者が手本を見せます。二人の真ん中の位置に印をつけてもよいでしょう。

準備するもの
・ボール

あそび方
❶ 2本の線に二人で向かい合って立ち、少し離れます。
❷ 互いにワンバウンドさせながらボールを投げ合います。

ポイント　頭の上から両手で投げます。
ポイント　足は肩幅ぐらいに開きます。

4-5歳児 歩いてドリブル

バウンドしてとる　step 1 ▶ step 2 ▶ **step 3**

空間認知力／協応性／リズム感覚

歩くペースを考えながら、体から離れた位置にボールをつきます。しだいに歩くペースを考えられるようになり、動きが機敏になります。

苦手な子への配慮
まずは歩かないで、片手でP98「小さくバウンドキャッチ」ができるようにします。

準備するもの
・ボール

あそび方
❶ 同じ場所で連続してボールをつきます。
❷ 慣れてきたら歩いてみましょう。

言葉かけ
最初はその場でボールをついてみよう。

ポイント　やや前かがみの姿勢で、体の少し前にボールをつきます。

6 ボール運動

4-5歳児 投げ上げキャッチ

受ける step1 ▶ step2 ▶ step3

空間認知力　協応性　瞬発力

両手でボールを投げ上げて、そのまま胸の前で受け止めるあそびです。ボールはなるべく真上に投げることがポイントです。

準備するもの
・ボール

あそび方
ボールを真上に投げて、落ちてきたボールをキャッチします。

ポイント
投げたボールをしっかり目で追います。

ポイント
胸元でキャッチします。

注意
ボールをキャッチしようと、子ども同士がぶつかることも。広い場所で行うようにしましょう。

言葉かけ
ボールさん、キャッチ！

苦手な子への配慮
うまく真上に投げられない場合、ボールが落ちる位置まで動いてボールをとるようにします。初めは低く、だんだんと投げる高さを上げていきましょう。

4-5歳児 くるりんキャッチ

受ける step1 ▶ step2 ▶ step3

バランス感覚　空間認知力　協応性

上の「投げ上げキャッチ」にくるりんと回転を加えたあそび。回る位置がずれないよう、床に印をつけてもよいでしょう。

準備するもの
・ボール

あそび方
ボールを真上に投げて、体を一回転させてから、落ちて来るボールをキャッチします。

ポイント
ボールはなるべく高く、真上に投げます。

言葉かけ
ポーンと投げたら、くるりんキャッチだよ。

苦手な子への配慮
動きに慣れるまでは、ボールを投げてキャッチしてから一回転してもOK。少しずつ回転するタイミングを早めましょう。

4-5歳児

受ける
step 1 ▶ step 2 ▶ step 3

円のドッジボール

空間認知力　協調性　瞬発力

準備するもの
・ボール

あそび方
1. 人数に合わせて、円を描きます。
2. 円の外側と内側に分かれ、外側の人数は、内側の人数より少なくします。
3. 外側にいる子が、内側にいる子にボール投げ当てます。当たった子は外に出て、当てた子は中に入ります。ボールはその都度、保育者が渡します。

6　ボール運動

的が動くため、投げ当てるのが難しいドッジボール。両手投げ、片手投げなど、投げやすい方法で行います。

ポイント
ボールを投げるときは、片足を踏み出します。線を踏まないように気をつけます。

言葉かけ
円の中に向かって投げるよー！

苦手な子への配慮
片手で上手に投げることができた子には、ゆっくりでよいので、両手で投げるようにしてみましょう。

思い切り投げるよ、エイッ！

アレンジに挑戦
転がしドッジボール

円の外にいる子が、内にいる子にボールを転がし当てます。当たった子が外に出ます。

101

7 フープ運動

フープを置くときに、間隔のあけ方や並べ方を工夫したり、フープのサイズを変えたりすることで、さまざまな跳び方やリズム感覚が体験できます。また、片足跳び、両足跳び、ケンパー跳びなどで跳ぶ楽しさを知ることで、跳ぶときのイメージが育まれ、新たな跳び方に挑戦できるようになります。

ねらい

跳ぶ方向や高さ、距離を意識しながら、跳び方や着地の感覚を身につける。

おもに身につく力

跳躍力　空間認知力　リズム感覚

指導の注意点・ポイント

フープは子どもにあったサイズを選び、転倒などに注意

注意点
- プラスチック製のフープは、直径80cm（大）／60cm（中）／40cm（小）を目安に、子どもたちの年齢や体格に合わせて選びます。
- P107「フープ跳び」では、フープを踏んでの転倒を避けるため、太さや持ちやすさで選びます。
- 着地のときに、フープを踏んで転倒しないよう、保育者はそばで見守ります。

ポイント
- 跳び方が不安定な子には、最初はその場で跳ぶ練習を行い、跳ぶ姿勢や着地の仕方をきちんと身につけてから先に進めるようにしましょう。
- 子どもの様子を見ながら、フープを置く間隔や並べ方を調整するようにします。

苦手な子への配慮

- リズミカルに跳ぶのが難しいときは、保育者が手拍子でタイミングをとりましょう。
- 両足跳びや片足跳びが苦手な子は、フープの数を減らし、慣れたら少しずつ増やします。

✦ フープ運動の取り組み表 ✦

指導の流れ

フープに慣れる ➡ 104-105ページ

step 1	step 2	step 3
● フープトンネル	● フープコロコロ	● 手つなぎフープ通し

▼

跳ぶ ➡ 105-107ページ

step 1	step 2	step 3
● フープ渡り ● ケンパーでフープ渡り	● フープ渡り・カンガルージグザグ跳び	● フープ跳び

103

3-4歳児 フープトンネル

フープに慣れる **step 1** → step 2 → step 3

空間認知力 / 協応性 / 柔軟性

保育者と一緒に行って、楽しくフープに慣れましょう。

準備するもの
・フープ

あそび方
❶ 保育者が両手にフープを持って構えます。
❷ 子どもがフープをくぐります。

言葉かけ：トンネルだよ、くぐってね。

ポイント：フープの下を床につけます。

苦手な子への配慮
体をかがめるのが苦手な子には、大きめのフープで行ってみましょう。

3-4歳児 フープコロコロ

フープに慣れる step 1 → **step 2** → step 3

空間認知力 / 協応性 / 瞬発力

フープは曲がって転がっても、傾いてもOK。何度も繰り返すうちに上手に転がせるようになります。

準備するもの
・フープ

あそび方
フープを転がし、それを追いかけます。何度も繰り返します。

ポイント：フープのサイズは子どもの体の大きさに合わせて。

言葉かけ：フープをコロコロしよう。

苦手な子への配慮
最初は保育者が転して、それを追いかけましょう。

注意
みんなでいっせいに転がすと、ぶつかったりして危険です。広い場所で、同じ方向に転がしたり、少人数ずつ時間を区切ったりして行いましょう。

4-5歳児 手つなぎフープ通し

フープに慣れる
step 1 ▶ step 2 ▶ step 3

空間認知力　協応性　柔軟性

4人一組になって行います。体を柔軟に動かしてフープをくぐりましょう。

準備するもの
・フープ

あそび方
① フープを一人の体に通してから、4人が手をつなぎます。
② 手をつないだまま全員が順にフープをくぐり、一周させます。

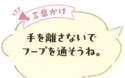

言葉かけ
手を離さないでフープを通そうね。

ポイント
励まし合いながらフープを通します。

苦手な子への配慮
うまくできない子には、そばで保育者が手を貸しましょう。

がんばれー！

3-4歳児 フープ渡り

跳ぶ
step 1 ▶ step 2 ▶ step 3

空間認知力　脚力　瞬発力

フープをリズミカルに跳んでみましょう。

準備するもの
・フープ

あそび方
① フープを縦に一列に並べます。
② 走りながら片足ずつフープを渡ります。

言葉かけ
フープをリズムよくポンポンと渡ろうね。

ポイント
軽く走って渡れる間隔に並べましょう。

苦手な子への配慮
難しいときは、まずはフープを二つ置いてやってみます。保育者が手拍子で跳ぶタイミングをとってもよいでしょう。

7 フープ運動

3-4歳児 ケンパーでフープ渡り

跳ぶ　step 1 ▶ step 2 ▶ step 3

跳躍力　空間認知力　リズム感覚

準備するもの
・フープ

あそび方
❶ フープを一つ、二つ、一つ、二つ…と交互に並べます。
❷ フープが一つのときは片足（ケン）、二つのときは両足（パー）で進みます。

リズムに乗ってケンパーでフープを渡りましょう。

言葉かけ
「ケンパー」でフープを渡るよ。

ポイント
ジャンプのときはひざを曲げてクッションにします。

注意
ぶつからないように、前の子が終わったのを見届けてから、次の子が跳び始めます。

苦手な子への配慮
「ケンパー」が苦手な子はフープの数を減らし、一つと二つだけ並べて行います。保育者が横で一緒に跳んでゆっくり練習してもよいでしょう。

ケンケンパー！

アレンジに挑戦

いろいろなケンパーでフープ渡り

「ケンケンパー」「ケンパーパー」などとなるように、フープの並べ方を変えて楽しみましょう。

フープ運動

3-4歳児 フープ渡り・カンガルージグザグ跳び

跳ぶ step 2

バランス感覚　跳躍力　空間認知力

フープをジグザグに並べて、体の向きを変えながらジャンプで進みます。

準備するもの
・フープ

あそび方
フープをジグザグに並べて置き、手を胸の前で軽く曲げ、ひざをそろえてジャンプします。

言葉かけ：ジグザグの道をジャンプしよう！

ポイント：ひざはそろえてジャンプします。
ポイント：つま先で跳んでいきます。

苦手な子への配慮
ジャンプが苦手な子には、ジグザグの角度や間隔をせばめるなど、フープの位置を調整します。ジャンプをするときは、保育者が手をとって補助しても。

4-5歳児 フープ跳び

跳ぶ step 3

跳躍力　空間認知力　リズム感覚

短なわをフープに変えてジャンプするあそびです。最初はフープが頭から下へ動く様子を目で追います。

準備するもの
・フープ

あそび方
フープを両手で持ち、前に回します。足元にフープが来たときにジャンプします。

言葉かけ：フープをよーく見て足元に来たらジャンプしてね。

ポイント：つま先でジャンプします。

苦手な子への配慮
ジャンプのタイミングがつかめない子には、保育者が「いち、に、ジャンプ」と声をかけてタイミングをとりましょう。「ジャンプ」のところで跳ぶように教えます。

8 平均台運動

身についた力を無駄なく発揮するために必要なバランス感覚が身につきます。「体をまっすぐにして立つ」「頭を上げてグラグラ動かさない」「お腹に力を入れて歩く」など、体幹に意識を向けられるようになります。

ねらい

普段とは違う動きである平均台上の歩行により、体幹を意識したバランス感覚を養うとともに、高さへの恐怖心を克服する。

おもに身につく力

- バランス感覚
- 空間認知力
- 脚力

指導の注意点・ポイント

落下防止を重視し、2、3本並べて安心感を

注意点
- 平均台に慣れるまでは、落下防止対策として、下にマットを敷きましょう。
- 平均台の高さは30cm以内、幅は10cm程度のものを用意し、3〜4歳児までは2本または3本を横に並べて太くして安心感をもてるようにします。

ポイント
- 前に歩くだけではなく、しゃがんで歩いたり、横に歩いたりすることで、バランスをとる動きにつなげます。
- 保育者は、平均台上の子どもがバランスを崩したらすぐに支えられるよう、子どもの横に立ちます。

苦手な子への配慮

- 平均台の高さをこわがる子には、マットを下に2〜3枚重ねて敷き、慣れるまで保育者が肩を貸すなどしましょう。
- 幅の細さをこわがる子には、年齢関係なく平均台を2〜3本並べて太くしましょう。

平均台 の取り組み表

指導の流れ

平均台に慣れる ➡ 110-111ページ

step 1	step 2	step 3
● 太い一本橋渡り	● 鉄橋渡り	● 仲よし二本橋渡り

1本を渡る ➡ 112-115ページ

step 1	step 2	step 3
● 座って前進	● カニさんのしゃがみ歩き ● ゆっくり一本橋渡り	● 一本橋でクルリン ● 小さな山越え ● 一本橋渡り

3-4歳児 太い一本橋渡り

平均台に慣れる **step 1** ▶ step 2 ▶ step 3

バランス感覚／空間認知力／高所感覚

平均台を2本つけて幅を広くし、まずは歩くことに慣れましょう。

準備するもの
・平均台

あそび方
① 2本の平均台をつけて並べます。
② その上を端から歩いて渡ります。

言葉かけ
橋を渡ろう。反対側までうまく渡れるかな？

苦手な子への配慮
平均台の本数を3本に増やしたり、保育者が手を貸したりしても。下にマットを敷くと安全です。

ポイント 両腕を広げるとバランスがとりやすいです。

3-4歳児 鉄橋渡り

平均台に慣れる step 1 ▶ **step 2** ▶ step 3

バランス感覚／空間認知力／高所感覚

足幅を一定に保ちながら歩きます。太ももが鍛えられる運動です。

準備するもの
・平均台

あそび方
① 2本の平均台を少し離して並べます。
② 片足ずつ乗せて、端から歩いて渡ります。

言葉かけ
鉄橋を渡るよ、シュッシュ、ポッポー。

苦手な子への配慮
こわがる子には保育者が横について見守ります。途中で保育者の肩を貸して休憩してもよいでしょう。

ポイント 最初は足元を見て、慣れたら見ないでやってみましょう。

ポイント 背筋を伸ばして歩きます。

ポイント 慣れてきたら腕を回して汽車になりきりましょう。

平均台に慣れる　step 1 ▶ step 2 ▶ step 3

4-5歳児　仲よし二本橋渡り

バランス感覚　協応性　リズム感覚

二人が手をつなぎ、互いにペースを合わせて歩きます。足元をなるべく見ないようにしましょう。

準備するもの
・平均台

あそび方
1. 2本の平均台を少し離して並べます。
2. 二人で手をつなぎ、端から歩いて渡ります。

8　平均台運動

言葉かけ
手をつないで歩こう。一人で先に行かないようにね。

ポイント
背筋を伸ばして歩きます。

注意
一人がバランスを崩して平均台から落ちると、もう一人が引っ張られて危険な場合も。速さよりも息を合わせるよう伝えます。

苦手な子への配慮
こわがってしまう子は、P110「鉄橋渡り」のおさらいを。保育者が手や肩を貸してもOKです。

息を合わせて歩こう

アレンジに挑戦
両手をつないで横歩き

2本の平均台を、間隔をあけて並べます。二人が向かい合って手をつなぎ、端まで横歩きします。

111

3-4歳児 座って前進

1本を渡る　step 1 ▶ step 2 ▶ step 3

バランス感覚　支持力　空間認知力

準備するもの
・平均台

あそび方
❶ 平均台にまたがり、体の前で両手をつき、体を引き寄せます。
❷ これを繰り返して前進し、端まで行きます。

足は使わず腕の力で前進します。腰で調子をとりながら進むとやりやすいです。足は地面につけないようにしましょう。

> 言葉かけ
> 足は地面につかないように、上げておいてね。

ポイント
腕をしっかり伸ばします。

苦手な子への配慮
はじめは、左右の足を床につけて前進し、慣れてきたら足と腕で移動してみましょう。

腕の力でググググッ…と

アレンジに挑戦
平均台陣取り合戦

2チームに分かれて両端からスタート。出会ったところでジャンケンをし、勝った子は前に進み、負けた子が下りたら次の子がスタートします。繰り返しながら、相手の端にたどり着いたほうが勝ちです。

4-5歳児　カニさんのしゃがみ歩き

1本を渡る step 2

バランス感覚／空間認知力／脚力

平均台と平行にカニさん歩きをしましょう。

準備するもの
・平均台

あそび方
① 平均台に平行に乗り、しゃがみます。両手をチョキにします。
② しゃがんだまま横に進みます。

ポイント
すり足ではなく、左右の足を一歩一歩横に出して進みます。

苦手な子への配慮
1本の平均台だとこわがったり、バランスがとりにくかったりする子は、2本並べて幅を太くしましょう。

言葉かけ
しゃがんだら、カニさんになって横に歩こう。

8　平均台運動

4-5歳児　ゆっくり一本橋渡り

1本を渡る step 2

バランス感覚／空間認知力／高所感覚

足元をしっかり見てゆっくり歩きましょう。

準備するもの
・平均台

あそび方
平均台に乗ります。足を左右交互に出し、ゆっくり歩きます。

ポイント
足元を見て歩きます。

ポイント
平均台の中心に足を置くようにして進みます。

苦手な子への配慮
平均台の1本は細いので、足がすくんでしまう子。保育者が横について見守ります。下にマットを敷きましょう。

言葉かけ
ゆっくりでいいよ。落ちないように足元を見てね。

113

4-5歳児 一本橋でクルリン

1本を渡る　step 1 → step 2 → step 3

バランス感覚　空間認知力　脚力

準備するもの
・平均台

あそび方
1. 平均台に上がり、端からゆっくり歩き、途中で1回転します。
2. 再び端まで歩きます。まずは半回転からはじめ、できたら1回転へステップをふんでもよいでしょう。

平均台の上で回りましょう。回り方は自由です。軸足で回るとバランス感覚がより身につきます。

言葉かけ：真ん中まで進んだら、くるりと回ってね。

ポイント：両腕を広げてバランスをとります。

せーの、で回ろう！

注意：バランスを崩して平均台から落ちないように、保育者が横につきます。下にマットを敷くと、より安全です。

苦手な子への配慮：回転するときに保育者が手を貸して、手すり代わりになっても。ゆっくり進んで、ターンもその子のペースでゆっくり行いましょう。

4-5歳児 小さな山越え

1本を渡る step 1 ▶ step 2 ▶ step 3

バランス感覚／空間認知力／脚力

途中に積み木等で障害物を置きます。慣れたら、数を増やしましょう。子どもが自分でどう渡るか考えるようにします。

準備するもの
- 平均台
- 積み木

あそび方
1. 平均台の途中に積み木を置きます。
2. 端から歩き、積み木を越えて、再び端まで歩きます。

言葉かけ：真ん中にお山があるよ。そっとまたいでね。

そーっとまたぐよ

ポイント：障害物はブロックやくつなどなんでもOK。

注意：障害物を越えるときはバランスを崩しやすいので、保育者が横につきましょう。

苦手な子への配慮
山を越えるときにバランスを崩しやすいので、保育者が手をつないで渡ってみましょう。

4-5歳児 一本橋渡り

1本を渡る step 1 ▶ step 2 ▶ step 3

バランス感覚／空間認知力／高所感覚

足元を見ず、前を向いて平均台を歩きます。足先で平均台に触れながら、ゆっくり行いましょう。

準備するもの
- 平均台

あそび方
平均台に上がり、前を見ながらゆっくり歩きます。

ポイント：平均台から目を離し、前を見て歩きます。

ポイント：両腕を広げてバランスをとります。

言葉かけ：顔を上げて、前を見て歩こう。バランス、バランスだよ。

注意：バランスを崩すと落ちてしまうので、保育者が横について見守りましょう。

苦手な子への配慮
慣れるまでは足元を見てもOK。前を向いて歩くのがこわい子は、保育者が手を貸します。足元を見てしまう子は、前を見て歩く距離を少しずつ延ばしましょう。

---

8 平均台運動

9 リズム運動

ボール運動の P99「二人でバウンドパス」やフープ運動の P106「ケンパーでフープ渡り」などでも、運動に必要なリズム感覚が身につきます。また、音楽を聞いて体を動かしたり、体の動きを止めたりすることで、注意力や集中力、動きをイメージする力を養います。

ねらい

音楽を流しながらリズミカルに運動することで、体を動かす楽しさを実感する。運動への苦手意識による運動量の減少や運動が嫌いという気持ちを和らげる。

おもに身につく力

リズム感覚　　バランス感覚　　柔軟性

運動に音楽をプラスすることで、より楽しんで体を動かす

注意点
- スキップは、その場で片足ずつケンケンを行い、リズムがとれてきたら前に進みます。
- 楽しくなると動きも大きくなりがちなので、子ども同士がぶつからないよう見守ります。
- 最初は動きをしっかり身につけたうえで、音楽を流します。

ポイント
- 保育者もいっしょにリズムに乗って体を動かし、楽しみます。
- 3〜4歳児は頭・腕・足など体の大きな部分を、4〜5歳児は指先・つま先などの細部を意識するように、保育者が言葉かけをします。

苦手な子への配慮
・テンポが遅れてしまう子には、手拍子や言葉をかけながらサポートします。
・スキップが苦手な子には、保育者が1回ごとに止まったり、一緒に行うなどします。

リズム運動の取り組み表

指導の流れ

リズミカルに体を動かす ➡ 118-123ページ

step 1	step 2	step 3
● 汽車、汽車、走れ ● どんぐりさんコーロコロ ● ひよこさんの散歩	● カエルぴょんぴょん ● トンボさんに変身	● 横にギャロップ ● スキップランラン ● 思いっ切りスキップ ● なべなべそこぬけ

3-4歳児 **汽車、汽車、走れ**

リズミカルに体を動かす step 1 → step 2 → step 3

脚力　想像力　バランス感覚

あそび方

① 両腕を曲げ、体の少し前で両手をパーにして回し、『汽車ポッポ』を歌いながら自由に動き回ります。
② 慣れてきたら、だんだん歌と手の回転のスピードをあげます。

歌のリズムに合わせて、左右の手を同時に体の前で回します。

言葉かけ
汽車になって、いろいろなところに出かけよう。ポッポー。

苦手な子への配慮
歌のリズムと手の動きが完全に合わなくてもOK。保育者が横でリズムをとり、楽しく取り組みましょう。

シュッポ、シュッポ〜

アレンジに挑戦
トンネルをくぐって

二人の保育者が向かい合って腕を上げて手をつなぎ、トンネルをつくります。汽車になった子どもがトンネルを通ります。

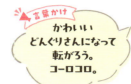

4-5歳児　どんぐりさん コーロコロ

リズミカルに体を動かす　step1 ▶ step2 ▶ step3

バランス感覚　回転感覚

歌に合わせて、床をコロコロ転がります。

あそび方

1. 両腕と両足を伸ばして床に寝転がります。手を頭の上に置きます。
2. 『どんぐりころころ』の歌に合わせて床を自由に転がります。

言葉かけ
かわいいどんぐりさんになって転がろう。コーロコロ。

ポイント
右に左に自由に転がります。

苦手な子への配慮
なかなか転がれない子は、自分の好きなポーズで行ってみましょう。上履きを脱ぐと回りやすくなります。

9　リズム運動

3-4歳児　ひよこさんの散歩

リズミカルに体を動かす　step1 ▶ step2 ▶ step3

脚力　想像力　リズム感覚

歌のリズムに合わせて、ひよこさんになってつま先で歩きます。

あそび方

1. しゃがんで背筋を伸ばし、両腕を広げます。
2. 『かわいいかくれんぼ』の歌に合わせ、つま先で歩きます。

言葉かけ
ひよこさんになって、お散歩に出かけるよー。

ポイント
つま先で歩きます。

注意
ひざ関節に負荷をかけるので、短い距離・短時間で行いましょう。

苦手な子への配慮
つま先で歩きにくい子は、最初はかかとをつけて行います。少しずつかかとを上げるようにしましょう。

3-4歳児 カエルぴょんぴょん

リズミカルに体を動かす step2

跳躍力／バランス感覚／リズム感覚

P29「小さなカエル」のリズムあそび編です。保育者が手拍子でリズムをとってあそびましょう。

注意 友だちとぶつからないよう、広い場所で行いましょう。

あそび方
❶ しゃがんで両手を体の前について、腰を高く上げます。
❷ 『カエルの合唱』の歌に合わせて、両手を床につけたままジャンプし、両足を手の内側に着地します。

言葉かけ：カエルさんになって足を高く上げてね。

苦手な子への配慮
腰が高く上がらない子は、P29「小さなカエル」などの全身運動をおさらいしましょう。

3-4歳児 トンボさんに変身

リズミカルに体を動かす step2

バランス感覚／脚力／リズム感覚

片足立ちで止まったときに体を前に傾けることで、地面についている足に負荷をかけます。

あそび方
❶ 両腕を横に広げ、『トンボのめがね』の歌に合わせて自由に走り回ります。
❷ 保育者は途中で曲を止めます。歌が止まったら子どもはその場で片足立ちをします。

ポイント 腕は横に広げたままキープ。

言葉かけ：トンボさんになって、自由に飛び回ろう。

苦手な子への配慮
上げた足がすぐに下りてしまう場合、最初は保育者が支えるなどして、少しずつ片足立ちに慣れていきましょう。

リズミカルに体を動かす
step 1 ○ step 2 ○ step 3

4-5歳児 横にギャロップ

バランス感覚　リズム感覚　柔軟性

あそび方

1. 真っ直ぐ立ちます。
2. 反復横跳びの要領で、左足を一歩左に出してすぐ右足をつけます。その瞬間にまた左へステップします。
3. 今度は右足を出して、このステップを同様に行います。

＋リズム運動＋

反復横跳びの要領でステップを踏みます。最初はゆっくり行って、慣れてきたらスピードアップしましょう。

〔左へギャロップ〕

ポイント　両手を横に広げます。

右足を着けたまま左足を一歩左に出します。

ポイント　体重を乗せる足を入れ替えるときに、一瞬弾みます。

すぐに右足を左につけるその瞬間、浮く（ジャンプ）。

右足から着地する。

言葉かけ　「タンタタ、タンタタ」のリズムにのってね。

苦手な子への配慮　保育者が子どもと向かい合い、「タンタタ」と言いながら子どもの鏡になって一緒に行い、慣れていきましょう。

みんなでタンタタ、タンタタ

アレンジに挑戦
友だちと手をつなぎギャロップ

友だちと手をつないで「横にギャロップ」を行います。保育者の笛の合図で右や左に動く向きを変えます。

4-5歳児 スキップランラン

リズミカルに体を動かす step1 ▶ step2 ▶ step3

バランス感覚／リズム感覚／柔軟性

最初に「その場でケンケン」をします。そして、「タンタ　タンタ」のリズムに合わせ、1回跳んで止まる、の要領で足を交互に変えながら行いましょう。

あそび方
1. 真っ直ぐ立ちます。
2. 「タンタン」のリズムで、その場で左足でケンケンを2回、右足でケンケンを2回行います。
3. 「タンタン」のリズムを「タンタ」に変えて前に進みます。

〈その場でケンケン〉

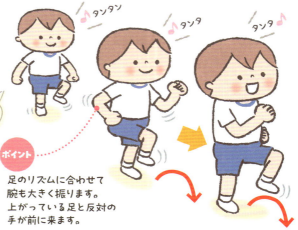

言葉かけ
「タンタ　タンタ」のリズムに合わせてね。

ポイント
足のリズムに合わせて腕も大きく振ります。上がっている足と反対の手が前に来ます。

苦手な子への配慮
保育者が手をつなぎ、「タンタ　タンタ」のリズムに合わせて一緒にスキップします。

4-5歳児 思いっ切りスキップ

リズミカルに体を動かす step1 ▶ step2 ▶ step3

バランス感覚／リズム感覚／柔軟性

「タンタ　タンタ」のリズムで、上の「スキップランラン」よりもゆっくり大きくスキップしましょう。

あそび方

「タンタ　タンタ」のリズムで、ひざがおへその辺りまで上がるように、大きく高くスキップします。

ポイント
足のけり上げに合わせ、腕も大きく振ります。

言葉かけ
大きく、高くスキップしてね。

ポイント
つま先で地面をけります。

苦手な子への配慮
うまくできない子は、上の「スキップランラン」のおさらいをしましょう。

122

4-5歳児 なべなべそこぬけ

リズミカルに体を動かす
step 1 ▶ step 2 ▶ step 3

協調性／リズム感覚／柔軟性

歌に合わせて二人で動きます。回るときは互いに確認し合って、回る方向を決めてくぐるようにします。

あそび方

二人一組になり向かい合って手をつなぎます。『なべなべそこぬけ』を歌います。

♪なべなべそこぬけ　そこがぬけたら
❶ 向かい合ってつないだ手を左右に大きく振ります。
♪かえりましょう
❷ つないだ手の片方を上げて二人でくぐり、背中を合わせます。
♪なべなべそこぬけ　そこがぬけたら
❸ 背中を合わせてつないだ手を左右に大きく振ります。
♪かえりましょう
❹ つないだ手の片方を上げて二人でくぐり、向かい合います。これを繰り返します。

9　リズム運動

言葉かけ　二人でどっちからくぐるか決めて、ゆっくり回ってね。

ポイント　下げるほうの手を見ながら回ると、うまく回れます。

注意　「♪かえりましょう」のところで急に早く回ると関節を痛めることがあるので、ゆっくり回るように伝えます。

苦手な子への配慮　リズムに合わせるのが苦手な子は、上手な子と組んで、「せーの」のかけ声で行っても。保育者がそばについて見守りましょう。

できた！

10 集団あそび

集団であそぶことで、友だちを思いやる気持ちや協力することの大切さなど、他者とのコミュニケーション力を高めるきっかけに。幼児期にあえて難易度の高いルールや決まりごとがあるあそびに挑戦すること、または挑戦できる環境づくりをすることで、子どもの運動能力の成長を促します。

ねらい

個々で培ったさまざまな運動の力を、ルールや友だちとの関わり合いを通して発揮する。積極的に取り入れることで、社会性を育む。

おもに身につく力

協調性　　バランス感覚

集団あそびでコミュニケーション力を高めよう

注意点

- 難易度が少々高くても、子どもたちが集団での決まり事やルールを守ってあそびを楽しめるような環境づくりを目指しましょう。
- なるべく広い場所で行い、子どもたちの様子を見ながら、参加人数やルールを変更するなど、危険がないように柔軟に指導します。

ポイント

- ルールを理解し、運動できる力が身についてから、あそびに挑戦しましょう。
- 4〜5歳児になると、あそびから競争する楽しみも加わってきます。個々の力を出し合って、勝敗が決まることも体験していきましょう。

苦手な子への配慮

- 集団に入っていきにくい子は、無理強いせず、参加する時間を少しずつ増やしましょう。
- あそびのルールがわかりにくい子には、より簡単な言葉で誘導しましょう。

集団あそびの取り組み表

指導の流れ

追いかけっこ ➡ 126-127ページ

step 1	step 2	step 3
● 手つなぎオニ	● しっぽつかまえた！	● 仲間を守ろう！

チームワーク ➡ 128-131ページ

step 1	step 2	step 3
● スーパーマンで競争！ ● あんたがたどこさ	● 背中合わせでよいしょ！	● 輪になって引っ張ろう

ジャンケン ➡ 132-133ページ

step 1	step 2	step 3
——	——	● 食べちゃうぞ！ ● グルグルクマさん

ルール ➡ 134-135ページ

step 1	step 2	step 3
——	● 通り抜けできるかな	● クマのかくれんぼ

3-4歳児 手つなぎオニ

追いかけっこ step 1 ▶ step 2 ▶ step 3

バランス感覚　協調性

オニの人数を増やしながら、つかまえるあそび。ほかの子の行動を見ながら動く力が身につきます。

あそび方

1. オニを一人決め、ほかの子は逃げます。
2. つかまった子はオニと手をつなぎ、逃げている子をつかまえにいきます。オニが4人以上になったら、二組に分かれます。
3. 時間を決めて、保育者が終わりの合図をします。その時点でつかまらなかった子の勝ちです。

言葉かけ：どんどんオニが増えるよ。つかまらないように逃げて！

ポイント：つないでいた手が離れてしまった場合は、つかまえても無効になります。

苦手な子への配慮
ルールが覚えにくい子には、保育者がつきます。保育者がオニになって子どもたちの様子を見守りましょう。

3-4歳児 しっぽつかまえた！

追いかけっこ step 1 ▶ step 2 ▶ step 3

脚力　協調性

チームワークが育まれるあそびです。どの方向に進むかなど、声を出し合いましょう。声を出し合って、初めはゆっくり進むようにします。

準備するもの
・タオル

あそび方

1. 三人一組のチームになり、先頭以外は前の人の肩に両手を置きます。一番後ろの子は、腰からしっぽのようにタオルをぶら下げます。
2. 保育者の「はじめ」の合図で、ほかのチームのタオルを取りに行きます。タオルを取られたチームは、取ったチームの後ろにつながります。最後まで残ったチームの勝ちです。

苦手な子への配慮
自分から輪に入っていきにくい子は、三人一組で並ぶとき、真ん中になるように促します。

言葉かけ：お尻から出ているのはなあに？そう、しっぽだね。

ポイント：しっぽのタオルは体操着のズボンに差し込みます。

3-4歳児 仲間を守ろう！

追いかけっこ step 1 → step 2 → step 3

協調性　瞬発力

オニごっこにひと工夫して、運動量をアップさせたあそびです。役を変えて、さまざまな運動を体験しましょう。

あそび方

1. 5人のグループをつくります。オニ役を二人、逃げる人を一人、残りの二人は手をつないで、逃げる人をオニから守る役です。
2. 逃げる人がつかまったら、役を交代します。

10　集団あそび

言葉かけ：オニ役と逃げる役、オニから守る役に分かれるよ！

逃げる人／こっちにも来たよ／オニ／オニから守る人／オニ

注意
どこまでも逃げたり追いかけたりすると終わらないので、あそぶ範囲を決めましょう。

苦手な子への配慮
ルールが覚えにくい子は、はじめはオニから逃げる子を守る役にします。友だちと手をつないでリードしてもらいながら、一緒にブロックしましょう。

アレンジに挑戦　ルールを加えて楽しく！

慣れてきたら、オニ役の二人は手をつないで追いかけたり、逃げる役の人は片足ケンケンで逃げたりしましょう。子どもたちとルールを増やしていくとさらに楽しめます。

4-5歳児 スーパーマンで競争！

チームワーク step 1 ▶ step 2 ▶ step 3

懸垂力　握力　協調性

友だちを引っ張りながら、後ろ向きで運びます。進む方向に注意しながら歩きましょう。

準備するもの　・ビニールテープ

あそび方

❶ 二人一組になり、スーパーマン役と運び役に分かれます。
❷ スーパーマン役の子どもはうつぶせになり、運び役の子どもと両手をにぎります。
❸ スタートの合図で、運び役の子どもは立った状態で、スーパーマンを運んで競争します。

言葉かけ　スーパーマンはどんなポーズで飛ぶかな？

ポイント　運ぶ役は進む方向を見ながら歩くようにしましょう。

注意　運ぶときは、勢いをつけて引っ張らないようにします。

苦手な子への配慮　はじめはスーパーマンを運ぶ動作をみんなで交互に体験しましょう。引っ張る、引っ張られる感覚を体で覚えます。

よいしょ、もう少し！

アレンジに挑戦
腕を曲げると懸垂力アップ！

慣れてきたら、スーパーマン役の子どもは腕を曲げましょう。さらに懸垂力が身につきます。

4-5歳児 あんたがた どこさ

チームワーク step 1 → step 2 → step 3

バランス感覚　協調性　リズム感覚

狭い場所でも楽しめるあそびです。歌に合わせて足を上げるので、テンポを上げると難易度が上がります。

あそび方

1. 前の人の肩に両手をかけて、子どもたち全員で大きな輪を作ります。
2. 『あんたがたどこさ』を歌いながら、ゆっくりと円を描いて歩きます。「さ」のタイミングで、片足を上げます。

10　集団あそび

言葉かけ
「さ」がたくさん出てくるところがあるよ！楽しみだね。

苦手な子への配慮
リズムがとりにくい子は、保育者が手拍子をとって、はじめはゆっくりしたテンポで歌います。自然と歩くテンポや動作にも慣れてくるでしょう。

あんたがた〜ど〜こ〜

アレンジに挑戦
「さ」の動作を変えよう

「さ」のときに上げる片足を、左足、右足、左足…と交互にしましょう。また「さ」でしゃがむ、ジャンプするなど、動きを変えても盛り上がります。

129

4-5歳児 背中合わせでよいしょ！

チームワーク step 1 ▶ step 2 ▶ step 3

バランス感覚／協調性

あそび方

1. 二人一組になり、しゃがんで背中を合わせた状態で腕を組みます。
2. 「せーの！」と声を合わせて、お互いの背中を押しつけるように立ち上がります。慣れてきたら、立ち上がるスピードを上げます。

ポイントはペアで息を合わせること。声をかけながら、同時に力が入れられるようにします。

せーの！

言葉かけ
顔が見えないから声を出して息を合わせよう。

ポイント
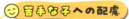
グラグラしないよう、体はまっすぐに。背中をピッタリ合わせ、立ち上がるときは前傾にならず、お互いに背中・肩を押し合いながら立ち上がります。

苦手な子への配慮
タイミングがなかなか合わせられない子には、保育者が横から二人の子どもの腕をタイミングよく持ち上げましょう。

いくよ、せーの！

アレンジに挑戦

腕を組まずによいしょ！

背中と後頭部を合わせ、腕を組まずに立ち上がります。さらにお互いの動きに気を配るようになり、難易度が上がります。

せーの！

4-5歳児 輪になって引っ張ろう

チームワーク　step 1 → step 2 → step 3

バランス感覚　協調性

全身のバランスをとりながら、力試しをしましょう。腰を落として、両足で踏ん張る姿勢がポイントです。

あそび方

1. 5人以上のグループになります。手をつないで大きな輪を作ります。
2. 全員で「バラ・バラ・バランス、とれるかな？」と声を出しながら、腰を落としてつないだ手を引っ張り合います。バランスを崩して、手を離す子が出るまで繰り返します。

集団あそび 10

言葉かけ
みんな、合言葉は「バラ・バラ・バランス」だよ。

ポイント
バランスを崩したときは、すぐに手を離すようにします。

注意
肩や腕の筋肉が未熟なため、腕の引っ張り合いに集中するとケガにつながる場合があります。下半身を意識して、重心を低くした姿勢を保つことが大切です。

苦手な子への配慮
タイミングを合わせにくい子がいる場合は、あそびに入る前に、まずは、保育者の「せーの」のかけ声で全員で手をつないで腰を落としてみます。動作が安定してきたら、あそびに入りましょう。

グーッと引っ張るよ！

アレンジに挑戦
片足を上げてフラミンゴ！

手をつないだ状態のまま、引っ張り合わずに、全員で片足立ちをしてみましょう。バランスを崩したらすぐに手を離します。

131

4-5歳児 食べちゃうぞ！

ジャンケン　step 1 ▶ step 2 ▶ step 3

バランス感覚　協調性　瞬発力

あそび方

1. Ⓐ、Ⓑの2チームに分かれます。スタートラインをはさんで、それぞれ一列に向かい合ってジャンケンをします。
2. 勝った人は、負けた人を追いかけます。つかまらずに、自分の陣地のラインまで逃げられたらセーフ。つかまった人数が少ないチームの勝ちです。

ジャンケンで負けても急いで陣地まで逃げたらOK。最後まであきらめない気持ちや判断力を養います。

言葉かけ：ジャンケンで勝った方がネコだよ。負けたネズミは急いで逃げて！

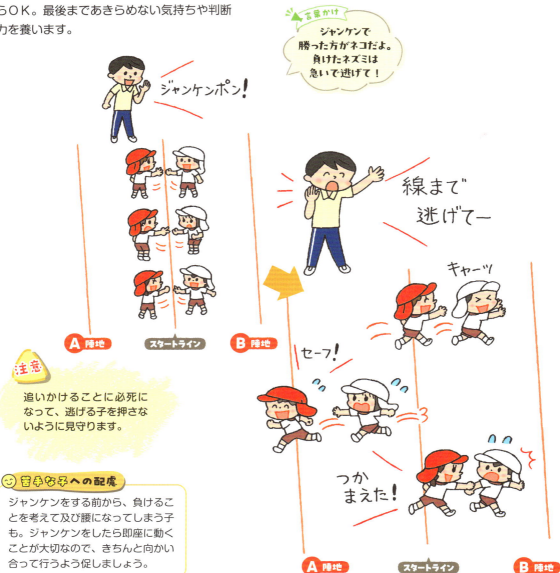

注意
追いかけることに必死になって、逃げる子を押さないように見守ります。

苦手な子への配慮
ジャンケンをする前から、負けることを考えて及び腰になってしまう子も。ジャンケンをしたら即座に動くことが大切なので、きちんと向かい合って行うよう促しましょう。

4-5歳児 グルグルクマさん

ジャンケン step1 → step2 → step3

バランス感覚　支持力　協調性

P28「クマさん歩き」で、らせん状の曲線を進むあそび。徐々にスピードを上げられるとよいでしょう。

準備するもの　・ビニールテープ

あそび方

1. イラストのように、テープでグルグルコースをつくります。A B の2チームに分かれ、スタートの合図で、先頭の子は「クマさん歩き」（P28）で進みます。
2. 両チームが出会ったところでジャンケンをします。負けた子は大きな声で「負けた！」と言って、次の子がスタートします。勝った子はそのまま進みます。先に相手のスタート地点までたどりついたチームの勝ちです。

10 集団あそび

ポイント　コースの幅は1mぐらいとりましょう。

言葉かけ　クマさん同士、出会ったらジャンケンするよ。

ポイント　負けた子は、列の一番後ろに並びます。

注意　グルグルコースから大きくはみ出したときは、その場に戻ってクマさん歩きを再開します。

苦手な子への配慮
クマさん歩きの動作が苦手な子は、P28「クマさん歩き」の動作のおさらいを。あそび時には本人が楽しく取り組んでいればOKとします。

クマさんよーい、ドン！

アレンジに挑戦　グルグルコースを長くして

コースの曲線を長くすればするほど、クマさん歩きで進む距離が長くなるため、難易度が上がります。子どもの様子を見ながらコースの調整をしましょう。

133

4-5歳児　通り抜けできるかな

ルール step 1 → step 2 → step 3

バランス感覚　協調性　瞬発力

つかまったらオニが交代していくあそびです。全員が抜けられるまでは時間がかかることも。子どもの様子を見て切り上げるなどの対応をしましょう。

あそび方

1. オニを二人決めます。そのほかの子どもを2チームに分けて、それぞれⒶとⒷの線の後ろで並びます。
2. スタートの合図で、Ⓐの先頭の子はⒷをめざして走ります。ⒶとⒷの間にいるオニにつかまらないよう、Ⓑまでたどり着いたら、今度はⒷの先頭の子がⒶをめざして走ります。オニにつかまったら、オニを交代します。オニはつかまえたチームに加わります。

言葉かけ：お友だちが走ってきたら、次の子の番だよ。

注意
オニから逃げる子は、オニに捕まらないよう大きく広がって逃げてしまうことも。二列で行う場合は、隣の列の子どもとぶつからないように見守りましょう。

苦手な子への配慮
はじめは、チームに分かれずに全員であそびましょう。オニ役は保育者が行うようにします。

4-5歳児 クマのかくれんぼ

ルール step 1 → step 2 → **step 3**

支持力 協調性

自分だけが隠れるのではなく、友だちも入れる、声をかけるなど助け合う心を育みます。子どもの様子や人数で隠れ家の数や大きさを調整しましょう。

準備するもの
・ビニールテープ

あそび方
❶ 床にテープで大小の四角い枠（クマの隠れ家）を数か所つくります。子どもたちはテープの周りを「クマさん歩き」（P28）します。
❷ 保育者が「猟師が来たよ」と合図して、子どもたちはテープでつくった隠れ家の中に逃げます。保育者は逃げ遅れた子をつかまえます。

10 集団あそび

言葉かけ
クマさんは猟師につかまらないように、合図を聞いたら急いで隠れて！

😊 苦手な子への配慮
ルールを覚えるのが苦手な子には、「○○ちゃん、つかまえちゃうぞ」と声をかけながら遊びましょう。

 注意
合図の後、あわてて隠れ家に入ろうとする子ども同士が、ぶつからないように見守りましょう。

アレンジに挑戦
猟師役に子どもも加わって

逃げ遅れた子どもも加えて、猟師役の人数を増やしましょう。また、クマの隠れ家である四角い枠の数を減らした場合も難易度が上がります。

特別付録1 年齢別！運動会プラン

ここでは、運動会向けのプランを紹介します。日ごろの子どもたちの様子でお披露目する種目を組み替えたり、アレンジしたりしてください。

3歳児① クマさんの的当て対決

空間認知力　支持力

全身運動と、ボール運動の組み合わせです。クマさんになりきって、クマさん歩きと的当てをしましょう。

準備するもの
- リンゴの木の的
- 小さく軟らかいボール
- クマさんのかぶりもの

色画用紙（または厚紙）で作る

取り入れる運動

P28	P96
クマさん歩き	的当てあそび

運動会用のポイント
クマさんのかぶりものを身につけ、リンゴの木を的にします。

的当てあそび
リンゴ目がけてボールを投げます。

クマさん歩き
両手をついて、ひざを浮かせて歩きます。

言葉かけ
クマさんの大好きなリンゴに当ててね。

注意
当たっても痛くない軟らかいボールを使いましょう。

あそび方
① 子どもが二人でならんで、クマさん歩きでスタートします。
② 線まで進んだら、リンゴを狙い、リンゴの木に向かってボールを投げます。当たったらゴールし、次の子がスタートします。

のっしのっし

苦手な子への配慮
ボールを投げる位置から的までの距離を短くしましょう。

3歳児② スーパーマンのジャンプ×2

空間認知力 / 跳躍力

マントをつけてスーパーヒーローに変身。なわ跳びと跳び箱にチャレンジします。

準備するもの
- 長なわ
- 跳び箱
- マット
- カラーポリ袋のマント

取り入れる運動
P59	P71
なわ通し	よじ登りジャンプ

運動会用のポイント
カラーポリ袋でマントを作り、お披露目。最後は好きなポーズで締めます。

特別付録 ❶ 年齢別！運動会プラン

踏まないように丈を短めに作る

あそび方
❶ 保育者が長なわを地面にすべらせます。マントを身につけた子ども二人が、長なわを跳び越え、跳び箱まで走ります。

❷ 跳び箱によじ登ったら跳び下り、好きなポーズを決めます。

なわ通し
ゆっくりすべらせたなわをジャンプして越えます。

ポイント
二人で息を合わせてジャンプします。

💬言葉かけ
スーパーヒーローになってかっこよくジャンプしよう！

⚠注意
跳び箱では、バランスを崩すこともあるで、保育者が横につきます。

※跳び箱の高さは40cmまで。

よじ登りジャンプ
跳び箱に登り、ジャンプします。

😊苦手な子への配慮
ジャンプが苦手な子には、なわ通しはゆっくり行い、跳び箱を低くするなどしましょう。

アレンジに挑戦
平均台に登りジャンプ

月齢の小さい子は、跳び箱を平均台に変えて、登ってジャンプしましょう。着地したらポーズを決めてゴールします。

※平均台の下にはマットを敷きます。

137

4歳児① カンガルーのフープ渡り

空間認知力　跳躍力

カンガルーになって、赤ちゃんカンガルーを連れてお散歩に行きましょう。チーム対抗戦にしてチャレンジしましょう。

準備するもの
・コーン
・赤ちゃんカンガルーのポシェット

色画用紙（または厚紙）でつくる

取り入れる運動

P26	P105
大人のカンガルー	フープ渡り

運動会用のポイント
赤ちゃんカンガルーのポシェットをたすき代わりにし、チームで対抗戦をします。

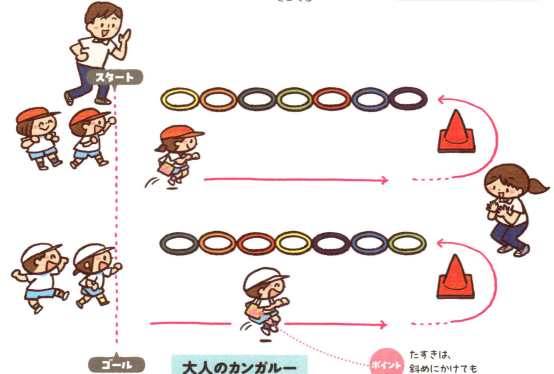

ポイント　たすきは、斜めにかけても首から下げるだけでもOK。

大人のカンガルー
両足をそろえ、ひざを曲げてジャンプし、足裏全体で着地します。

苦手な子への配慮
バタバタしたジャンプになってもよしとしましょう。

あそび方
❶ 赤ちゃんカンガルーのポシェットを首から下げ、合図で「大人のカンガルー」でスタートします。

注意　次の子がスタートするタイミングは保育者が合図を出しましょう。

138

アレンジに挑戦
いろいろなケンパー

フープをいろいろ組み合わせて並べ、ケンパーをします。練習から毎回並び順を変えると子どもたちもワクワク。

ジャンプ ジャンプ！

特別付録 1 年齢別！運動会プラン

言葉かけ
カンガルーさん、赤ちゃんを連れて、じょうずにジャンプしてね。

ポイント フープは軽く走って渡れる間隔に並べます。

フープ渡り
並んだフープを走って渡ります。

注意
フープを踏んで転ばないよう、よく見てあわてず渡るように伝えましょう。

❷ 折り返して、「フープ渡り」でゴールに戻り、次の子にポシェットを渡します。次の子はポシェットを首から下げてスタート。先に全員がゴールしたチームの勝ちです。

苦手な子への配慮
フープの数は減らしてもOK。チーム戦でなく1チームでじっくり楽しんでも。

139

4歳児❷ 運動MIXサーキット

回転感覚　協応性　跳躍力　リズム感覚

全身運動、マット、なわ跳びなど、いろいろミックスしたサーキットです。家族や周りの大人・友だちに「できるようになった」ことをお披露目しましょう。

準備するもの
・マット
・短なわ

運動会用のポイント
チームを分けて対抗戦にします。

取り入れる運動

P27	P45
グーパージャンプ！	さつまいもゴロゴロ
P64	P121
短なわジャンプ	横にギャロップ

言葉かけ
自分ができるようになったことを、堂々と見せよう！

スタート

グーパージャンプ！
手を胸の前にして「グー」、手も足も大きく開いて「パー」を繰り返しジャンプしながら進みます。

横にギャロップ
右足を右へ出し、すぐに左足をつけた瞬間にまた右へステップします。

ゴール

注意
次の子がスタートするタイミングは、子どもの様子を見ながら保育者が合図してください。

苦手な子への配慮
ギャロップが難しい子は、スキップのようになっていればOKです。

タンタタ、タンタタ

あそび方
❶ スタートしたら、「グーパージャンプ！」で進みます。

さつまいもゴロゴロ

両手足をまっすぐ伸ばし、マットの端から端まで転がります。

😊 **苦手な子への配慮**
保育者が転がしましょう。

コロコロ
コロコロ

特別付録 ❶ 年齢別！運動会プラン

運動会の前にみんなで練習したよ

短なわジャンプ

なわを大きく回し、足元にきたらジャンプします。

いち、に…

ポイント 保育者が数えます。

😊 **苦手な子への配慮**
P 63「なわ止めジャンプ」にして、3回できれば進んでよいとしても。

❷ マットまで進んだら、横になり「さつまいもゴロゴロ」で端まで転がります。

❸ 次は「短なわジャンプ」をします。3回跳べば先に進めるなど、ルールを決めておきます。

❹「横にギャロップ」でゴールへ戻ります。❸の短なわジャンプが終わったら、次の子がスタートしましょう。

5歳児① お披露目鉄棒あそび

逆さ感覚　支持力　バランス感覚

今まで取り組んできた鉄棒を見せるよい機会です。組み合わせて披露しましょう。鉄棒でなく、跳び箱やなわ跳びなどに種目を変えても。

準備するもの
・鉄棒

運動会用のポイント
一人3種目のお披露目。できるようになったものを家族や見に来た人に見てもらいます。

取り入れる運動
| P85 ナマケモノさん |
| P83 スズメさん |
| P89 前回り下り | P91 逆上がり |

ナマケモノさん
片足ずつ鉄棒に足をかけぶら下がります。

言葉かけ　練習どおりでいいんだよ。

スズメさん
鉄棒に跳び上がって足をピンと伸ばし、背中を反らして止まります。

どちらかを行います。

逆上がり
利き足で地面をけり、両足を振り上げて体を回転させ、着地します。

あそび方
❶ 保育者の合図で、ナマケモノさんをします。完成したポーズで5秒ストップし、下ります。
❷ 続いて保育者の合図でスズメさんをします。完成したポーズで5秒間ストップし、下ります。
❸ さらに保育者の合図で逆上がりまたは、「前回り下り」のどちらかに挑戦します。30秒間で何回でも行いましょう。

苦手な子への配慮
P80「おサルさんのぶら下がり」などできるもの一つでもOK。保育者が腰を支えるなどしてフォローしましょう。
また、逆上がりができない子は、「前回り下り」で対応しましょう。

前回り下り
鉄棒に跳び上がり、あごをひいて上半身を前に倒して回り、下ります。

5歳児 ❷ チーム対抗 しっぽつかまえた！

協調性

準備するもの
・タオル
・タヌキ、キツネのかぶりもの
色画用紙（または厚紙）で作る

取り入れる運動
P126
しっぽつかまえた！

運動会用のポイント
タヌキチームとキツネチームの対抗戦。タオルをしっぽにし、しっぽを取り合います。

特別付録 ❶ 年齢別！運動会プラン

腰につけたタオルを動物に見立てて、チーム対抗でしっぽ取りをしましょう。

ポイント しっぽのタオルは、ズボンに差しこみます。

あ、チャンス！
逃げろー

あそび方
❶ タヌキチームとキツネチームに分け、さらに三人一組になり、一番後ろの子は、自分のチームのしっぽをぶら下げます。
❷ 保育者の合図で、それぞれ相手チームのしっぽを取りに行きます。取られたら、相手チームの後ろにつき、相手チームのしっぽをつけます。最後に先頭にいた動物が多いチームの勝ちです。

言葉かけ 三人が離れないように、スピードに気をつけてね。

待て〜
早く〜！

😊 苦手な子への配慮
自分から入っていけない子には、三人一組で並ぶ時に、真ん中に入るよう促しましょう。

注意 どこまでも逃げてしまうので、わくをつくるなど、取り組む範囲を決めましょう。

アレンジに挑戦
他の動物でもチャレンジ
他の動物にしてもOK。何の動物にするか子どもが考えてもよいでしょう。人数が多い場合は、動物の数を増やします。

143

5歳児❸ バランス＆ジャンプ ジャンケン対決

バランス感覚　跳躍力

今まで取り組んできた平均台とフープを組み合わせて行う、チーム対抗戦です。人数が多ければ、チーム数を増やして行うと盛り上がるでしょう。

取り入れる運動

P115	P107
一本橋渡り	フープ渡り・カンガルージグザグ跳び

運動会用のポイント

色違いのはちまきを身につけ、陣取り合戦風にします。

準備するもの

・平均台
・はちまき
※多めに用意します

スタート

一本橋渡り

両手でバランスをとりながら、なるべく前を見て歩きます。

😊**苦手な子への配慮**

平均台では、保育者が肩を貸すなどしましょう。

おっとっと

ポイント

ジャンケンに負けたらもう一度はちまきをつけて、再チャレンジ。

あそび方

1. 2チームに分かれ、はちまきをします。
2. 合図でスタートし、「一本橋渡り」で平均台を渡り進みます。
3. 次は「フープ渡り・カンガルージグザグ跳び」でフープを渡り、さらに進みます。
4. 最後はジャンケンで勝負。勝ったらゴールします。負けたらはちまきを相手に献上してスタートに戻り、新たなはちまきを身につけます。先に全員がゴールについた方が勝ち。

> **言葉かけ**
> 全員が先にゴールしたチームが陣取り成功です。

フープ渡り・カンガルージグザグ跳び

手を胸の前で軽く曲げ、ひざをそろえてジグザグにジャンプします。

ポイント ジャンケンに負けたらはちまきを献上します。

ポイント フープは、跳びやすく間隔を開けても。

注意 ゴールしたのを確認してから、次の子がスタートしましょう。

苦手な子への配慮
ジャンプをするとき保育者が手を取って補助しましょう。

特別付録 ① 年齢別！運動会プラン

特別付録2 年齢別！ 1日30分から取り組める 3つの基本運動の指導案

8－9ページで紹介した3つの基本運動を中心とした指導案と指導のポイントをご紹介します。日々の運動の参考にしてください。

3歳児　4-6月

取り組み方 4－6月は、楽しんで体を動かすことから。「大人のカンガルー」「クマさん歩き」「ワニさん歩き」など、基本運動をしっかり行います。

跳躍力 — なわ跳びにつなげる

1日目

ドタバタウサギ ▶26ページ
指導のポイント ジャンプにならなくてもOK。指先をピンと伸ばすよう見本を見せ、ジャンプを楽しみます。

大人のカンガルー ▶26ページ
指導のポイント ひざをしっかり曲げて、足裏全体で着地します。苦手な子はその場ジャンプで。

支持力 — 側転、跳び箱につなげる

2日目

ワンワン犬歩き ▶28ページ
指導のポイント 両手とひざを床につけて歩きます。手のひらを開くと安定することを伝えましょう。

クマさん歩き ▶28ページ
指導のポイント 両手を床につけて腰を高く上げて歩きます。手のひらを床にしっかりつけましょう。

懸垂力 — 鉄棒（逆上がり）につなげる

3日目

波乗りワニさん ▶30ページ
指導のポイント 保育者と手をつなぎ、子どもはうつぶせになり、腕を曲げて前へ進みます。

ワニさん歩き ▶31ページ
指導のポイント うつぶせになり、胸とお腹を床につけて前進します。手足をしっかり動かします。

> **指導案のポイント**
> 継続して取り組むことで、卒園までになわ跳び、側転、跳び箱、鉄棒（逆上がり）ができるようにつなげていきます。3歳児は1日2つから。4・5歳児は時間を区切り、1日30分くらいから取り組んでみましょう。P158-159の早見表も活用してください。

3歳児 7-9月

取り組み方 「大人のカンガルー」「クマさん歩き」「ワニさん歩き」などの基本運動をしっかり行いながら、道具を使う日もつくり、少しずつ扱うことに慣れていきましょう。

特別付録② 年齢別！1日30分から取り組める3つの基本運動の指導案

1日目

大人のカンガルー → 26ページ

指導のポイント ひざを使ってジャンプします。ジャンプが苦手で、その場でジャンプをしていた子は、ジャンプで前に進みます。

 フープを使って

大人のカンガルー・フープ渡り

指導のポイント P105「フープ渡り」をアレンジ。フープを縦に1列に並べ、4-6月に取り組んだ「大人のカンガルー」で渡ります。

2日目

クマさん歩き → 28ページ

指導のポイント 手のひらを床にしっかりつけ、腰を高く上げて歩きます。

小さなカエル → 29ページ

指導のポイント 手のひらをしっかり床につけ、腰を高く上げてジャンプします。ひざは閉じましょう。

3日目

ワニさん歩き → 31ページ

指導のポイント 胸とお腹を床につけて前進します。両足をしっかり使って進んでいるかを確認しましょう。

 外へ出て遊具を使って

登って下りて → 36ページ

指導のポイント ジャングルジムを登り下りします。登るときは手から、下りるときは足からと伝えます。

3歳児 10-12月

取り組み方 「大人のカンガルー」「クマさん歩き」「ワニさん歩き」などの基本の運動をしっかり行いつつ、長なわ、平均台、鉄棒といった道具を使った運動を取り入れましょう。

跳躍力
なわ跳びにつなげる

1日目

大人のカンガルー ➡ 26ページ

指導のポイント：ひざをしっかり曲げ、足裏全体で着地します。ひざをそろえることを意識しましょう。

長なわを使って

グーパー跳び ➡ 55ページ

指導のポイント：パーでは足裏全体で着地します。グーではつま先で着地し、かかとを上げるよう伝えます。

支持力
側転、跳び箱につなげる

2日目

クマさん線路歩き

指導のポイント：2本のテープを20cm幅に貼り、そのテープの上をP28「クマさん歩き」で前進します。

平均台を使って

座って前進 ➡ 112ページ

指導のポイント：平均台をまたいで座り、腕の力で前進します。足を地面につけないことがポイントです。

懸垂力
鉄棒(逆上がり)につなげる

3日目

ワニさん歩き ➡ 31ページ

指導のポイント：うつぶせになり、胸とお腹を床につけて前進します。手足が動かせているか確認しましょう。

鉄棒を使って

おサルさんのぶら下がり ➡ 80ページ

指導のポイント：腕をしっかり伸ばし、地面に足をつけずにどのくらい長くぶら下がっていられるかがポイントです。

3歳児 1-3月

取り組み方 今まで行ってきた基本の運動にもだいぶ慣れてきているので、道具を積極的に使いましょう。子どもが苦手とする運動があれば、前に戻って取り組んでかまいません。

特別付録❷ 年齢別！1日30分から取り組める 3つの基本運動の指導案

1日目

子どものカンガルー ➡ 27ページ
 指導のポイント
ひざを曲げて腰を落とし、つま先で小さくジャンプします。大人のカンガルーができたら挑戦を。

長なわを使って

横向きジグザグ跳び ➡ 56ページ
 指導のポイント
長なわを床に置き、「子どものカンガルー」でなわを跳び越えます。つま先ジャンプを意識します。

2日目

小さなカエル ➡ 29ページ
 指導のポイント
手のひらをしっかり床につけ、腰を高く上げてジャンプします。なるべく腰を高く上げましょう。

跳び箱を使って

よじ登れるかな？ ➡ 68ページ
 指導のポイント
4段の跳び箱を好きな方法でよじ登ります。高所感覚も養います。

3日目

外へ出て遊具を使って

ブラブラぶら下がり ➡ 41ページ
 指導のポイント
渡り棒にぶら下がり、前後や左右に体をゆらします。

鉄棒を使って

ナマケモノさん ➡ 85ページ
 指導のポイント
4歳児からのぶら下がりに挑戦。ひざの裏を鉄棒にかけ、ぶら下がります。逆さ感覚を味わいましょう。

149

4歳児 4-6月

取り組み方 4-6月は「カンガルー跳び」「クマさん歩き」「大きなカエル」など基本運動を中心に行います。新入園の子は、3歳児の運動から行いましょう。

9:30
（10分）

跳躍力
なわ跳びにつなげる

大人のカンガルー ➡ 26ページ

指導のポイント ひざを使ってジャンプし、足裏全体で着地します。ひざを閉じるよう伝えます。

長なわを使って

グーパー跳び ➡ 55ページ

指導のポイント 2本のなわを並べジャンプします。グーはなわの内側で、パーはなわの外側で着地します。

（10分）

支持力
側転、跳び箱につなげる

クマさん歩き ➡ 28ページ

指導のポイント 両手を床にしっかりつけ、腰を高く上げて歩きます。指先をパーに開くよう伝えます。

小さなカエル ➡ 29ページ

指導のポイント 両手をつけ、腰を高く上げてジャンプします。ひざを閉じるよう伝えます。

（10分）

懸垂力
鉄棒（逆上がり）につなげる

ワニさん歩き ➡ 31ページ

指導のポイント うつぶせになり、胸とお腹を床につけて、足を使って前進します。

なわを使って

レスキュー隊 ➡ 84ページ

指導のポイント なわをにぎり、足を使わず腕だけで進みます。足を動かさないよう伝えます。

10:00

4歳児 7-9月

取り組み方 基本運動のレベルを上げ、新たな運動に取り組みましょう。「跳躍力」「支持力」「懸垂力」のどれかにしぼり、日替わりで行ってもかまいません。子どもの様子を見ながら時間配分してください。

特別付録❷ 年齢別！1日30分から取り組める3つの基本運動の指導案

9:30（10分）

子どものカンガルー ➡ 27ページ

 指導のポイント ひざを使って、つま先でジャンプします。ひざを閉じ、背中も軽くかがめましょう。

長なわを使って

なわ高跳び ➡ 57ページ

 指導のポイント なわを床から10cmのところに張り、ひざを閉じ、つま先でジャンプします。

（15分）

ウシガエルジャンプ ➡ 73ページ

 指導のポイント 2本のテープの内側に両手をつき、腰を高く上げてジャンプします。

跳び箱を使って

跳び乗るカエルさん ➡ 75ページ

 指導のポイント 跳び箱を3段にセットし、つま先でジャンプして跳び箱に手をつき、跳び乗ります。

（15分）

鉄棒を使って

カニさんのぶら下がり ➡ 81ページ

 指導のポイント 鉄棒の端にぶら下がり、左手、右手と、カニさん歩きの要領で、反対の端まで進みます。

鉄棒を使って

跳び上がろう ➡ 82ページ

 指導のポイント ジャンプして鉄棒に下腹部を乗せ、腕で体を支えます。バランスを崩さないか側で見守ります。

10:10

151

4歳児 10-12月

取り組み方 基本運動は継続しつつ、道具を使った運動をどんどん経験しましょう。子どもの様子を見ながら無理強いせず、時間配分をしましょう。

9:30 (10分)

跳躍力
なわ跳びにつなげる

子どものカンガルー → 27ページ
指導のポイント ひざを閉じ、背中を軽くかがめて、つま先で小さくジャンプします。

小波ジャンプ → 60ページ（長なわを使って）
指導のポイント 保育者が長なわを波のようにゆらし、子どもがジャンプします。つま先でのジャンプを意識しましょう。

(15分)

支持力
側転、跳び箱につなげる

高速！ウシガエルジャンプ → 74ページ
指導のポイント P151で取り組んだ「ウシガエルジャンプ」をレベルアップ。なるべく早く繰り返しジャンプします。

カエルさん、ちょっと休憩 → 76ページ
指導のポイント まずは2段の跳び箱で挑戦しましょう。つま先でジャンプして手をつき、足を開いて腰かけます。

(15分)

懸垂力
鉄棒（逆上がり）につなげる

ワニさんの腕歩き → 31ページ
指導のポイント うつぶせで、胸とお腹を床につけ、腕だけで前進します。足を使わないよう伝えます。

ナマケモノさん → 85ページ（外へ出て遊具を使って）
指導のポイント 鉄棒にひざの裏をかけてぶら下がります。あごを上げて地面を見て逆さの感覚を養います。

10:10

152

4歳児 1-3月

取り組み方 苦手な運動があれば、ふり返りとして前の運動に戻っても。これまでの運動ができている子は、保育者の補助のもと、長なわや側転にもチャレンジしてみましょう。

特別付録 ②
年齢別！1日30分から取り組める3つの基本運動の指導案

9:30
(15分)

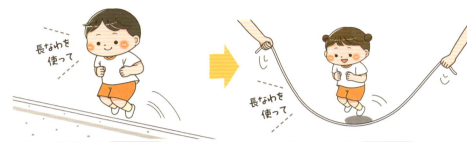

なわ高跳び → 57ページ
指導のポイント 7-9月のおさらい。なわを床から10cmのところに張り、ひざを閉じ、つま先でジャンプします。

大波ジャンプ → 60ページ
指導のポイント 上下に動く長なわを目で追いながらジャンプします。「子どものカンガルー」でジャンプしましょう。

(15分)

ケンケンクマさん → 29ページ
指導のポイント 両手を床にしっかりつき、片足を高く上げてケンケンします。足はなるべく高く上げます。

側転（補助）→ 49ページ
指導のポイント 両手をついて、足を大きくけり上げます。腰が高く上がり、体を回転させたときに、保育者が腰を支えましょう。

※側転に時間をかけ、懸垂力をつける運動は次の日にしても。

(15分)

ワニさんの腕ひもくぐり
指導のポイント P31「ワニさんの腕歩き」をアレンジ。高さ30cmのひもの下を、腕だけで前進し、くぐります。

前回り下り → 89ページ
指導のポイント 鉄棒に上がったらあごをひいて上半身を前に倒します。保育者が必ず側について見守ります。

10:15

5歳児 4-6月

取り組み方「カンガルー跳び」「クマさん歩き」「大きなカエル」など4歳児からの基本運動を継続。途中入園で3歳児の運動から始めた子はその続きを行います。

9:30 (10分)

跳躍力
なわ跳びにつなげる

子どものカンガルー ➡ 27ページ

指導のポイント ひざを使って、つま先でジャンプします。ひざを開きがちなので注意します。

小波ジャンプ ➡ 60ページ

長なわを使って

指導のポイント 保育者が長なわを波のようにゆらし、子どもはつま先でジャンプします。

(10分)

支持力
側転、跳び箱につなげる

クマさん歩き ➡ 28ページ

指導のポイント ずっと続けてきたクマさん歩き。あごを上げて前を向くよう今一度伝えましょう。

ケンケンクマさん ➡ 29ページ

指導のポイント 床に手をしっかりつけて、片足を上げて、ケンケンで歩きます。

(10分)

懸垂力
鉄棒（逆上がり）につなげる

ワニさん歩き ➡ 31ページ

指導のポイント 床に胸とお腹をつけたまま、手足をしっかり動かして前進します。

ワニさんの腕歩き ➡ 31ページ

指導のポイント 腹ばいになり腕だけで前進します。足を使わないよう伝えます。

10:00

154

5歳児 7-9月

取り組み方 基本運動に取り組んだあと、これまでの運動ができている子は保育者の補助のもと、「側転」や「前回り下り」に挑戦しましょう。できていない子は、4-6月や3-4歳の運動に戻ってもかまいません。

9:30（15分）

長なわを使って

大波連続ジャンプ ➡ 61ページ

 指導のポイント
子どもはなわの持ち手と向かい合い、足元に来たなわをつま先でジャンプします。

短なわを使って

なわ止めジャンプ ➡ 63ページ

 指導のポイント
なわを回し、足元になわが来たらいったん床で止めてジャンプします。

（15分）

ケンケンクマさん ➡ 29ページ

 指導のポイント
手を床にしっかりつけて片足を上げて、ケンケンします。徐々に足を高くしていきます。

側転（補助） ➡ 49ページ

 指導のポイント
足を大きくけり上げて腰が高く上がったときに、保育者が背中側から腰を支えましょう。

※側転に時間をかけ、懸垂力をつける運動は次の日にしても。

（15分）

鉄棒を使って

おサルさんのぶら下がり ➡ 80ページ

 指導のポイント
腕を伸ばしてぶら下がります。ぶら下がる時間が以前より長いことを確認しましょう。

鉄棒を使って

前回り下り ➡ 89ページ

 指導のポイント
鉄棒に跳び上がったら前に体を回転させます。静かに着地するよう伝えます。

10:15

特別付録 ❷

年齢別！1日30分から取り組める 3つの基本運動の指導案

155

5歳児 10-12月

取り組み方 基本の運動以外で、跳び箱や鉄棒など大掛かりな道具を使う回数を増やします。取り組む運動をしぼり、たっぷり時間を使って行ってもかまいません。

9:30 (15分)

跳躍力
なわ跳びにつなげる

フープ渡り・カンガルージグザグ跳び ➡ 107ページ

 フープをジグザグに並べて、体の向きを変えながら子どものカンガルーで進みます。

短なわジャンプ ➡ 64ページ

 なわを回すリズムとジャンプのタイミングを合わせることがポイント。肩を大きく回します。

(15分)

支持力
側転、跳び箱につなげる

ケンケンクマさん ➡ 29ページ

 片足を高く上げてケンケンします。かなり高く片足が上がるようになっていたら側転まであと少し。

開脚跳び ➡ 77ページ

 跳び箱に手をついたら腰を高く持ち上げ、足を大きく開いて跳び越します。

(15分)

懸垂力
鉄棒(逆上がり)につなげる

ワニさんの腕ひもくぐり

 P153「ワニさんの腕ひもくぐり」をアレンジ。なわを高さ20cmに下げて行います。

おサルさんのジャンケン ➡ 86ページ

 二人がそれぞれ鉄棒に両ひざの裏をかけてぶら下がって顔を合わせ、片手を離してジャンケンします。

10:15

1-3月 5歳児

取り組み方 いよいよ集大成。ここでは省略しましたが、長なわや短なわ、側転、跳び箱、鉄棒（逆上がり）などに取り組む前に、準備として基本運動は行いましょう。その後、側転や逆上がりに挑戦しましょう。

特別付録 ② 年齢別！1日30分から取り組める 3つの基本運動の指導案

9:30 (15分)

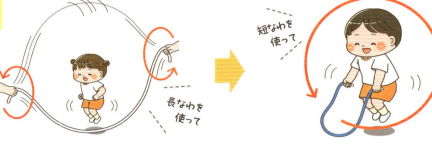

大波連続ジャンプ ➡ 61ページ

足元に来たなわをつま先でジャンプします。保育者は子どもの様子で回すスピードを加減します。

連続短なわジャンプ ➡ 64ページ

10-12月に取り組んだ「短なわジャンプ」を連続して跳びましょう。

(15分)

側転 ➡ 49ページ

両手をついて、足を大きくけり上げて腰が高く上がったときに、体を回転させます。保育者が手を貸せるよう、側につきましょう。

開脚跳び ➡ 77ページ

跳び箱に手をついたら、腰を高く持ち上げてジャンプし、足を大きく開いて跳び越します。

(15分)

前回り下り ➡ 89ページ

鉄棒をにぎり、つま先で跳び上がり鉄棒の上に下腹部を乗せます。上半身を前に倒し回転して下ります。

逆上がり ➡ 91ページ

鉄棒を逆手でにぎり、大きくけり上げ回転します。「前回り下り」ができた子からチャレンジを。

10:15

身につく力 早見表

各運動あそびで一番身につく力をまとめました。本書では、それぞれ一番身につく力の16種類のアイコンに 🏆 をつけて表示しています。子どもたちに身につけたい力と目安の年齢から、子どもに合ったプランを見つけて挑戦しましょう。

身につく16の力
※並びは50音順。

握力	回転感覚	脚力	協応性
協調性	空間認知力	懸垂力	高所感覚
逆さ感覚	支持力	柔軟性	瞬発力
想像力	跳躍力	バランス感覚	リズム感覚

握力

3-4歳児	なわ跳び運動	長なわ引っ張りっこ	53

回転感覚

3-4歳児	マット運動	さつまいもゴロゴロ	45
4-5歳児	マット運動	二人でさつまいもゴロゴロ	46
4-5歳児	マット運動	じゃがいもゴロゴロ	46
4-5歳児	マット運動	ユラユラゆりかご	48
4-5歳児	マット運動	前転	48
4-5歳児	マット運動	側転	49
4-5歳児	鉄棒運動	後ろ回り下り	87
4-5歳児	鉄棒運動	前回り下り	89
4-5歳児	リズム運動	どんぐりさんコーロコロ	119

脚力

3-4歳児	全身運動	ドタバタウサギ	26

協応性

3-4歳児	なわ跳び運動	カウボーイごっこ	62
4-5歳児	なわ跳び運動	プロペラジャンプ	62
4-5歳児	なわ跳び運動	なわ止めジャンプ	63
4-5歳児	なわ跳び運動	短なわジャンプ	64
4-5歳児	なわ跳び運動	連続短なわジャンプ	64
4-5歳児	なわ跳び運動	走りながらジャンプ	65
3-4歳児	跳び箱運動	ジャンプで拍手	72
4-5歳児	フープ運動	手つなぎフープ通し	105
4-5歳児	平均台運動	仲よし二本橋渡り	111

協調性

4-5歳児	マット運動	マット運び	45
3-4歳児	なわ跳び運動	電車ごっこ	52
3-4歳児	なわ跳び運動	いろいろ電車ごっこ	52
3-4歳児	なわ跳び運動	二人でなわ渡り	54
3-4歳児	跳び箱運動	陣取り合戦	69
3-4歳児	ボール運動	回して！　回して！	94
3-4歳児	ボール運動	対面ボール転がし	95
4-5歳児	ボール運動	コロコロリレー	97
4-5歳児	リズム運動	なべなべそこぬけ	123
3-4歳児	集団あそび	手つなぎオニ	126
3-4歳児	集団あそび	しっぽつかまえた！	126
3-4歳児	集団あそび	仲間を守ろう！	127

4-5歳児	集団あそび	背中合わせでよいしょ！	130
4-5歳児	集団あそび	食べちゃうぞ！	132
4-5歳児	集団あそび	通り抜けできるかな	134

空間認知力

3-4歳児	なわ跳び運動	ワニさん・ラッコさんでくぐり抜け	57
3-4歳児	跳び箱運動	よじ登りジャンプ	71
3-4歳児	跳び箱運動	フープ目がけてジャンプ	72
3-4歳児	ボール運動	的当てあそび	96
3-4歳児	ボール運動	大きくバウンドキャッチ	98
4-5歳児	ボール運動	二人でバウンドパス	99
4-5歳児	ボール運動	投げ上げキャッチ	100
4-5歳児	ボール運動	くるりんキャッチ	100
4-5歳児	ボール運動	円のドッジボール	101
3-4歳児	フープ運動	フープトンネル	104
3-4歳児	フープ運動	フープ渡り	105

懸垂力

3-4歳児	全身運動	波乗りワニさん	30
3-4歳児	全身運動	ワニさん歩き	31
4-5歳児	全身運動	ワニさんの腕歩き	31
4-5歳児	全身運動	最強ワニ歩き	32
3-4歳児	遊具を使った全身運動	登って下りて	36
3-4歳児	遊具を使った全身運動	おばけをやっつけろ！	36
3-4歳児	遊具を使った全身運動	ジャングルジムでぶら下がり	37
4-5歳児	遊具を使った全身運動	2本使ってぶら下がり	38
4-5歳児	遊具を使った全身運動	セミごっこ	39
4-5歳児	遊具を使った全身運動	サルのよじ登り	40
3-4歳児	遊具を使った全身運動	ぶら下がり我慢くらべ	40
4-5歳児	遊具を使った全身運動	ブラブラぶら下がり	41
4-5歳児	遊具を使った全身運動	スイスイ渡り棒	41
3-4歳児	鉄棒運動	おサルさんのぶら下がり	80
3-4歳児	鉄棒運動	ブラブラ足で拍手	80
3-4歳児	鉄棒運動	ボール運び	81
3-4歳児	鉄棒運動	カニさんのぶら下がり	81
3-4歳児	鉄棒運動	リンゴぶら下がり	82
4-5歳児	鉄棒運動	レスキュー隊	84
4-5歳児	鉄棒運動	地球一回転	88
4-5歳児	鉄棒運動	忍者の前回り下り	90
4-5歳児	集団あそび	スーパーマンで競争！	128

158

高所感覚
- 3-4歳児 跳び箱運動 よじ登れるかな？ 68

逆さ感覚
- 3-4歳児 全身運動 食いしん坊のラッコさん 33
- 3-4歳児 マット運動 逆立ちで竹馬 47
- 3-4歳児 鉄棒運動 ナマケモノさん 85
- 4-5歳児 鉄棒運動 おサルさんのジャンケン 86
- 4-5歳児 鉄棒運動 コウモリさん 86
- 4-5歳児 鉄棒運動 片足振り 90

支持力
- 3-4歳児 全身運動 ワンワン犬歩き 28
- 3-4歳児 全身運動 クマさん歩き 28
- 3-4歳児 全身運動 小さなカエル 29
- 4-5歳児 全身運動 ケンケンクマさん 29
- 4-5歳児 全身運動 大きなカエル 30
- 3-4歳児 マット運動 マットのぞうきんがけ 44
- 4-5歳児 マット運動 両足手押し車 47
- 4-5歳児 跳び箱運動 ジャンケンワニさん 69
- 4-5歳児 跳び箱運動 足振りジャンプ 71
- 4-5歳児 跳び箱運動 ウシガエルジャンプ 73
- 4-5歳児 跳び箱運動 高速！ ウシガエルジャンプ 74
- 4-5歳児 跳び箱運動 子馬横跳び 74
- 4-5歳児 跳び箱運動 跳び乗るカエルさん 75
- 4-5歳児 跳び箱運動 カエルさん、ちょっと休憩 76
- 4-5歳児 跳び箱運動 開脚跳び 77
- 4-5歳児 鉄棒運動 跳び上がろう 82
- 4-5歳児 鉄棒運動 スズメさん 83
- 4-5歳児 鉄棒運動 跳び乗りカニさん歩き 84
- 3-4歳児 平均台運動 座って前進 112
- 4-5歳児 集団あそび グルグルクマさん 133
- 4-5歳児 集団あそび クマのかくれんぼ 135

柔軟性
- 3-4歳児 全身運動 二人で引っ張り 32
- 3-4歳児 全身運動 手あそびしながらぴったんこ 33
- 4-5歳児 全身運動 足の間からコンニチハ 34
- 4-5歳児 全身運動 ブリッジで「ヤッホー」 34
- 3-4歳児 ボール運動 ぐるぐる回し 95

瞬発力
- 4-5歳児 ボール運動 キックトンネル 96
- 3-4歳児 フープ運動 フープコロコロ 104

想像力
- 3-4歳児 跳び箱運動 お風呂ごっこ 68
- 3-4歳児 リズム運動 汽車、汽車、走れ 118
- 3-4歳児 リズム運動 ひよこさんの散歩 119

跳躍力
- 3-4歳児 全身運動 大人のカンガルー 26
- 4-5歳児 全身運動 グーパージャンプ！ 27
- 4-5歳児 全身運動 子どものカンガルー 27
- 3-4歳児 遊具を使った全身運動 つかまり跳び 38
- 3-4歳児 なわ跳び運動 前向きジグザグ跳び 55
- 3-4歳児 なわ跳び運動 グーパー跳び 55
- 3-4歳児 なわ跳び運動 横向きジグザグ跳び 56
- 3-4歳児 なわ跳び運動 なわ高跳び 57
- 3-4歳児 なわ跳び運動 カンガルーのなわ高跳び 58
- 4-5歳児 なわ跳び運動 回転なわ跳び 58
- 4-5歳児 なわ跳び運動 なわ通し 59
- 4-5歳児 なわ跳び運動 縦ヘビジャンプ 59
- 4-5歳児 なわ跳び運動 小波ジャンプ 60
- 4-5歳児 なわ跳び運動 大波ジャンプ 60
- 4-5歳児 なわ跳び運動 大波連続ジャンプ 61
- 4-5歳児 跳び箱運動 両足ジャンプ越え 73
- 3-4歳児 フープ運動 ケンパーでフープ渡り 106
- 3-4歳児 フープ運動 フープ渡り・カンガルージグザグ跳び 107

バランス感覚
- 3-4歳児 遊具を使った全身運動 ブランコゆらゆら 35
- 3-4歳児 遊具を使った全身運動 キックで倒そう！ 35
- 3-4歳児 マット運動 ペンギン歩き 44
- 3-4歳児 なわ跳び運動 長なわ渡り 53
- 3-4歳児 なわ跳び運動 くねくねなわ走り 54
- 4-5歳児 跳び箱運動 ジャンプで渡ろう 70
- 4-5歳児 鉄棒運動 逆上がり 91
- 3-4歳児 平均台運動 太い一本橋渡り 110
- 3-4歳児 平均台運動 鉄橋渡り 110
- 4-5歳児 平均台運動 カニさんのしゃがみ歩き 113
- 4-5歳児 平均台運動 ゆっくり一本橋渡り 113
- 4-5歳児 平均台運動 一本橋でクルリン 114
- 4-5歳児 平均台運動 小さな山越え 115
- 4-5歳児 平均台運動 一本橋渡り 115
- 3-4歳児 リズム運動 トンボさんに変身 120
- 4-5歳児 集団あそび 輪になって引っ張ろう 131

リズム感覚
- 3-4歳児 ボール運動 小さくバウンドキャッチ 98
- 4-5歳児 ボール運動 歩いてドリブル 99
- 4-5歳児 フープ運動 フープ跳び 107
- 3-4歳児 リズム運動 カエルぴょんぴょん 120
- 4-5歳児 リズム運動 横にギャロップ 121
- 4-5歳児 リズム運動 スキップランラン 122
- 4-5歳児 リズム運動 思いっ切りスキップ 122
- 4-5歳児 集団あそび あんたがたどこさ 129

● 著者

柳澤秋孝
（やなぎさわ　あきたか）

松本学園理事・松本看護大学・松本短期大学名誉教授
ＮＰＯ法人運動保育士会、こどもプラス・グループ相談役

1953年新潟県生まれ。1975年日本体育大学卒業。同年、松本短期大学助手。1998年に教授就任、2014年名誉教授を授与し現在に至る。「柳沢運動プログラム®」創始者。
50年間継続研究を行い、20,000名以上の子ども（幼児期）に運動遊びを直接指導する。1996年から大脳活動、特に前頭葉の研究に着手し、「運動が子どもの精神的発育に大きな影響を及ぼす」との仮説から保育現場における運動保育援助の効果を調査・研究中。
また、兵庫県豊岡市、滋賀県長浜市、愛媛県松山市勝愛幼稚園の運動遊び顧問のほか、長野県教育委員会子どもの体力向上支援委員長も務め、長野県下全域における幼稚園・保育園・こども園・小学校で使用する長野県版運動プログラムを提供している。

◆著書・監修書
・『生きる力』を育む幼児のための柳沢運動プログラム』（オフィスエム）
・『からだ力がつく運動遊び―「できた！」体験が子どもを伸ばす』（主婦の友社）
・『できるよ！とびばこ、さか上がり―親子で楽しく、運動能力をアップ！』（主婦の友社）
・『子どもの心と頭をきたえる親子あそび』（新紀元社）
・『遊びがもっと魅力的になる！３・４・５歳児の言葉がけ (固定遊具編)』（明治図書出版）
・『鉄棒・とび箱・なわとび・マットができるようになる運動あそび』（ひかりのくに）
・『０～５歳児の発達に合った楽しい！運動あそび』（ナツメ社／柳澤友希共著）
・『こどもちゃれんじ』運動遊び全ライン監修指導（ベネッセ／2005年～2012年）
・『幼児ポピー』運動遊び全ライン監修指導・執筆（新学社）　ほか多数

● 撮影協力
学校法人松本学園　認定こども園　松本短大幼稚園
U-SPACE上田店

● スタッフ
本文デザイン／島村千代子
本文DTP／有限会社ゼスト
本文イラスト（五十音順）／いぬそ、おおたきょうこ、坂本直子、常永美弥、中小路ムツヨ、ヤマハチ
撮影／言美 歩、矢部ひとみ
撮影協力／赤井奏哉くん、髙橋愛澪ちゃん、長崎将利
編集協力／株式会社スリーシーズン、東城恵利子
編集担当／遠藤やよい（ナツメ出版企画株式会社）

本書に関するお問い合わせは、書名・発行日・該当ページを明記の上、下記のいずれかの方法にてお送りください。電話でのお問い合わせはお受けしておりません。
・ナツメ社webサイトの問い合わせフォーム
　https://www.natsume.co.jp/contact
・FAX（03-3291-1305）
・郵送（下記、ナツメ出版企画株式会社宛て）
なお、回答までに日にちをいただく場合があります。
正誤のお問い合わせ以外の書籍内容に関する解説・個別の相談は行っておりません。あらかじめご了承ください。

運動好きな子どもに育つ！
発達に合わせた　３・４・５歳児の運動あそび

2025年 3月7日　初版発行

著　者	柳澤秋孝
発行者	田村正隆
発行所	株式会社ナツメ社 東京都千代田区神田神保町1-52　ナツメ社ビル１Ｆ（〒101-0051） 電話　03-3291-1257（代表）　FAX 03-3291-5761 振替　00130-1-58661
制　作	ナツメ出版企画株式会社 東京都千代田区神田神保町1-52　ナツメ社ビル３Ｆ（〒101-0051） 電話　03-3295-3921（代表）
印刷所	TOPPANクロレ株式会社

©Yanagisawa Akitaka, 2025

ナツメ社Webサイト
https://www.natsume.co.jp
書籍の最新情報（正誤情報を含む）は
ナツメ社Webサイトをご覧ください。

ISBN978-4-8163-7675-7　　　　　　　　Printed in Japan

＜定価はカバーに表示してあります＞＜落丁・乱丁本はお取り替えいたします＞
本書の一部または全部を著作権法で定められている範囲を超え、ナツメ出版企画株式会社に無断で複写、複製、転載、データファイル化することを禁じます。